Elisabeth Raffauf
So schützen Sie Kinder vor
sexuellem Missbrauch

Elisabeth Raffauf

So schützen Sie Kinder vor sexuellem Missbrauch

Prävention von Anfang an

Patmos Verlag

VERLAGSGRUPPE PATMOS

PATMOS
ESCHBACH
GRÜNEWALD
THORBECKE
SCHWABEN

Die Verlagsgruppe
mit Sinn für das Leben

Für die Schwabenverlag AG ist Nachhaltigkeit ein wichtiger Maßstab ihres Handelns. Wir achten daher auf den Einsatz umweltschonender Ressourcen und Materialien. Dieses Buch wurde auf FSC®-zertifiziertem Papier gedruckt. FSC (Forest Stewardship Council®) ist eine nicht staatliche, gemeinnützige Organisation, die sich für eine ökologische und sozial verantwortliche Nutzung der Wälder unserer Erde einsetzt.

Bibliografische Information der Deutschen Nationalbibliothek
Die Deutsche Nationalbibliothek verzeichnet diese Publikation in der Deutschen Nationalbibliografie; detaillierte bibliografische Daten sind im Internet über http://dnb.d-nb.de abrufbar.

1. Auflage 2012

www.patmos.de

Umschlaggestaltung: Finken & Bumiller, Stuttgart
Druck: CPI - Ebner & Spiegel, Ulm
Hergestellt in Deutschland
ISBN 978-3-8436-0213-6 (Print)
ISBN 978-3-8436-0267-9 (eBook)

Inhalt

Einleitung – Kinder schützen und stärken

»Gipfelstürmer brauchen ein Basislager.«[1]
John Bowlby, britischer Kinderarzt und Psychoanalytiker, Pionier der Bindungsforschung

Wenn ein Kind geboren wird …

… und die Eltern es zum ersten Mal auf dem Arm halten, überkommt sie meist ein bislang nicht gekanntes Gefühl. Sie erleben, wie vollkommen und zugleich zerbrechlich dieses kleine Wesen ist. Als hätte jemand einen Schalter umgelegt, entwickelt sich in ihnen ein Bedürfnis, wie man es auch Löwenmüttern zuschreibt: dieses Wesen zu beschützen gegen alle Widrigkeiten dieser Welt. Und es gegen jeden zu verteidigen, der es wagt, diesem Geschöpf auch nur ein Haar zu krümmen.

Wenn ein Kind älter wird ...

... dann wird es von Tag zu Tag selbstständiger und es gibt immer wieder kleine Abschiede. Der Abschied von der Brust, der Abschied vom Fläschchen, der Abschied von der Windel, der Abschied vom Krabbelalter. Das Kind lernt laufen, will die Welt erkunden und wird immer mehr Schritte alleine unternehmen, ohne seine Eltern. Und das ist auch gut so. Eltern können nicht immer mit eigenen Augen über ihr Kind wachen. Vielleicht kommt es in den Kindergarten und wird dort von fremden Erzieherinnen betreut. Es muss seine Misserfolge fortan alleine aushalten, vielleicht ungetröstet bleiben, wenn es zum Beispiel beim Vater-Mutter-Kind-Spiel bei der Rollenverteilung leer ausgeht. Es wird auch nicht mehr so beschützt, wenn es auf die Rutsche klettert. Im Kindergarten steht kein Papa daneben, der dem Kind vielleicht vor lauter Sorge, es könnte sich beim Herunterrutschen den Kopf verletzen, einen Sturzhelm aufsetzt.

Irgendwann möchte es alleine zum Bäcker gehen, alleine seinen Freund besuchen, alleine den Schulweg meistern, und auch das ist gut so. Wenn es eine gute Bindung an seine Eltern hat, wird es das alleine wagen, weil es weiß, es kann jederzeit wieder zurück zu den Eltern kommen. Viele Situationen, die das Kind alleine bewältigt, machen es stark und stolz auf sich selbst, und es wächst daran.

Wenn ein Kind selbstständig wird ...

... dann ist das auch wunderbar. Wir sehen, wie es von Tag zu Tag forscher in die Welt geht, wie es sich mehr und mehr zutraut, wie es laufen und sprechen lernt, die Welt mehr und mehr erkundet. Wie es unabhängig wird von uns, wie es groß wird, wie es ein guter Gesprächspartner wird, uns unterstützt im Haushalt oder am Computer und wie es stolz ist auf seine Leistungen.

Wenn wir schlimme Nachrichten hören und sehen ...

... von Kindern, die verschleppt wurden, missbraucht wurden, umgebracht wurden, dann sacken wir in uns zusammen. Solche

Nachrichten und die Angst, auch unserem Kind könnte so etwas zustoßen, beschäftigen uns sehr lange.

Es gibt Eltern, die ihr Kind vielleicht warnen, sich nicht von Fremden ansprechen zu lassen, oder sie begleiten es wieder in die Schule. Sie sitzen zu Hause oder im Büro und fragen sich: Ist mein Kind in der Kindergartengruppe gut aufgehoben? Wird es sicher seinen Schulweg meistern? Und: Wird ihm auch nichts zustoßen? Eltern überlegen vielleicht, wie sie ihr Kind wieder mehr kontrollieren, mehr beaufsichtigen, ihm mehr verbieten können. Um es zu schützen.

Eltern möchten ihr Kind vor dem »bösen, schwarzen Mann« schützen, dem Fremden, der vielleicht auf dem Spielplatz lauert oder das Kind an der Straßenecke anspricht. Und sie besprechen mit ihrem Kind, wie es sich verhalten soll, wenn ein Fremder es anspricht, wenn jemand ihm Schokolade anbietet oder es nach Hause fahren möchte mit der Begründung: »Deine Mutter ist ins Krankenhaus gekommen.«

Dabei »lauern« die größeren Gefahren für Kinder im Freundes- und Bekanntenkreis. Und dort wirken sich die Warnungen der Eltern paradox aus: Sie müssten eigentlich vor dem lieben Onkel warnen. Aber vor welchem genau? Die meisten Onkel und Tanten missbrauchen ja keine Kinder.

Dieses Dilemma zeigt vor allem eins: Punktuelle Warnungen nützen gar nichts. Kinder sind am besten geschützt durch Sexualerziehung, eine vertrauensvolle Beziehung zu ihren Eltern und anderen erwachsenen Personen, die ihre Grenzen achten, die ein offenes Ohr für ihre Wünsche und Ängste haben, die sie als ganze Personen ernst nehmen und die sie mit einem guten Selbstvertrauen ausstatten.

Was sich in der öffentlichen Diskussion getan hat …

Mit dem Aufdecken von Missbrauchsfällen in Institutionen und den Bemühungen der Bundesregierung um eine Aufarbeitung (Einrichtung der Stelle zur Aufarbeitung des sexuellen Kindesmissbrauchs) hat das Thema »Sexueller Missbrauch« in der Öffentlichkeit an Bedeutung gewonnen. Viel mehr Menschen als angenommen sind von diesem Thema betroffen, sei es als Missbrauchsopfer, sei es als Angehörige oder Freunde. Viele Angehörige von Missbrauchsopfern machen sich große Vorwürfe: Wie konnte meinem Bruder, meiner Schwester, meinem Kind so etwas passieren? Wie konnte es sein, dass ich das nicht gesehen habe? Was habe ich falsch gemacht?

Gleichzeitig sind durch die öffentliche Diskussion über sexuellen Missbrauch das Bewusstsein und die Sensibilität heutiger Eltern größer geworden. Sie fragen sich: Was kann ich tun, damit meinem Kind so etwas nicht passiert? Wie kann ich mein Kind schützen? Worauf muss ich achten?

Historisch gesehen …

… hat es sexuellen Missbrauch an Kindern schon immer gegeben. Er wurde zu verschiedenen Zeiten allerdings sehr unterschiedlich bewertet und geahndet. Im antiken Griechenland war die Liebe mit einem Knaben eine Sache des Prestiges und im alten Rom war die Prostitution auch von ganz jungen Sklaven ganz normal. Im Mittelalter galt sexueller Missbrauch von Kindern zwar als Normverstoß, jedoch nicht in dem Maße wie heute. Sexuelle Gewalt richtete sich häufig gegen Kinder, da ein Kinderleben weniger galt als das Leben eines Erwachsenen. Im 18. Jahrhundert wurden sexuelle Handlungen zwischen Erwachsenen und Kindern zwar scharf verurteilt, allerdings mit der moralischen, christlichen Haltung, dass Sexualität von Kindern Sünde ist oder dass Kinder grundsätzlich keine Sexualität haben. [2]

Die Tatsache, dass Kinder von Geburt an sexuelle Wesen sind, kindliche Sexualität sich aber grundsätzlich von erwachsener Sexualität unterscheidet, wurde erst von Sigmund Freud, dem Begründer der Psychoanalyse, festgestellt. Und der musste für seinen neuen Erkenntnisse ordentlich »Prügel« einstecken. Aber auch heute, fast ein Jahrhundert später, sieht es nicht viel besser aus. So musste die Bundeszentrale für gesundheitliche Aufklärung vor Kurzem ihre Broschüre zum Thema »Kindliche Sexualität« zurückziehen, weil ihr von einigen Kritikern, die kindliche Sexualität mit erwachsener Sexualität gleichsetzen, »Anstiftung zur Pädophilie« vorgeworfen wurde.

Die Rechte der Kinder

> Kinderschutz ist »die Umsetzung von Kinderrechten, denn Kinder haben das Recht auf eine gewaltfreie Erziehung und das Recht auf Schutz vor allen Formen der sexuellen Ausbeutung und der sexuellen Gewalt«.[3]
> Dr. Christine Bergmann, Unabhängige Beauftragte zur Aufarbeitung des sexuellen Kindesmissbrauchs

Der Schutz der Kinder – auch vor sexuellem Missbrauch – ist abhängig davon, ob Kinder als vollwertige Menschen geachtet werden oder ob sie nur als kleine Wesen betrachtetet werden, deren Wohl und Wehe ausschließlich von ihren Eltern abhängt, die sie sogar als Besitztümer ansehen können. Erst in Zeiten der Aufklärung im 18. Jahrhundert begann man, Kindheit als eigenständigen Lebensabschnitt zu verstehen. Davor wurden Kinder wie »kleine Erwachsene« behandelt, das heißt, es gab keinen besonderen Kinderschutz. Das 19. Jahrhundert gilt als das Jahrhundert der Entdeckung der Kindheit. Kinder gelten nun als erziehungsfähig und -bedürftig. Sie brauchen Anleitung, um in der komplizierten Gesellschaft überleben zu können. Im 20. Jahrhundert begann man, Kinderschutzprogramme aufzustellen. Die englische Grundschullehrerin und Kinderrechtsaktivistin Eglantyne Jebb entwarf erstmals eine Children' s Charter, ein Fünf-Punkte-Programm, das sie dem Völkerbund in Genf zukommen ließ und das im September 1924 von der Generalversammlung des Völkerbundes verabschiedet wurde.

1959 wurde von der Vollversammlung der Vereinten Nationen die Erklärung der Rechte des Kindes auf den Weg gebracht. Dreißig Jahre später verabschiedete die UN dann die internationale Kinderrechtskonvention. Diese Konvention, in der sich die UN-Staaten verpflichten, alles zu tun, um Kindern menschenwürdige Lebensbedingungen zu bieten, beruht auf vier Prinzipien. Diese sind:

- Das Recht auf Gleichbehandlung: Kein Kind darf benachteiligt werden – sei es wegen seines Geschlechts, seiner Herkunft, seiner Staatsbürgerschaft, seiner Sprache, seiner Religion oder Hautfarbe, einer Behinderung oder wegen seiner politischen Ansichten.
- Das Wohl des Kindes hat Vorrang: Wann immer Entscheidungen getroffen werden, die sich auf Kinder auswirken können, muss das Wohl des Kindes vorrangig berücksichtigt werden – dies gilt in der Familie genauso wie für staatliches Handeln.
- Das Recht auf Leben und Entwicklung: Jedes Land verpflichtet sich in größtmöglichem Umfang, die Entwicklung der Kinder zu sichern – zum Beispiel durch Zugang zu medizinischer Hilfe und Bildung und durch Schutz vor Ausbeutung und Missbrauch.

- Achtung der Meinung des Kindes: Alle Kinder sollen als Personen ernst genommen und respektiert und ihrem Alter und ihrer Reife gemäß in Entscheidungen einbezogen werden. [4]

Diese Grundsätze stehen für eine revolutionäre neue Sichtweise auf die Phase der Kindheit allgemein und auf die Rechte der Kinder im Besonderen. Trotzdem sind Kinder weiterhin Gewalt, Missbrauch und seelischen Grausamkeiten ausgesetzt.

Einen hundertprozentigen Schutz gibt es nicht, aber ....

... Eltern können etwas tun. Sie können dafür sorgen, dass Kinder sich selbstbewusst in der Welt bewegen, dass sie Vertrauen zu ihren Bezugspersonen haben, dass sie Worte für ihre Gefühle, ihre Erlebnisse und alle ihre Körperteile finden und dass sie Fragen stellen dürfen. Kindern zu helfen, selbstbewusst und selbstsicher durch die Welt zu gehen, ist der beste Schutz.

Der Begriff ›Prävention‹ kommt aus dem Lateinischen und bedeutet ›zuvorkommen‹ oder ›verhüten‹. Prävention vor sexuellem Missbrauch bedeutet: die Kinder in ihrem Gefühl, richtig zu sein, zu stärken, sie liebevoll und zugewandt zu begleiten, so dass sie nicht gezwungen sind, sich auf eine andere Weise Bestätigung zu holen.

Sexualerziehung in positivem Sinn bedeutet, den Kindern zu vermitteln, dass Sexualität mit Freude und Wohlgefühl und Lust zu tun hat. Und diese positive Seite der Sexualität sollten Eltern zuerst thematisieren, bevor sie vor Gefahren und vor einer übergriffigen, gewalttätigen Sexualität warnen.

Selbstbewusstsein auch in sexuellen Dingen erlangen Kinder nicht, indem wir ihnen Angst machen, sondern durch eine Sexualerziehung von Geburt an, die eingebettet ist in die normale

Erziehung. Und durch die Förderung der eigenen Selbstständigkeit und Selbstsicherheit – damit Situationen gemeistert werden, in denen die Eltern nicht dabei sind und nicht schützend eingreifen können.

Prävention bedeutet in allererster Linie, dass Erwachsene vorbeugen: Sie sind verantwortlich. Es ist wichtig, dass Eltern Kindern nicht die Verantwortung übertragen. Die können sie nicht übernehmen, weil sie immer schwächer sind, weil sie den Umgang mit der Welt erst noch lernen müssen.

Den Kindern ein Basislager zu bereiten, heißt, eine vertrauensvolle, respektvolle Atmosphäre zu schaffen, in der Kinder sich trauen, alles zu erzählen, was ihnen passiert und ihnen vielleicht »komisch« vorkommt. Sie müssen ganz sicher sein, dass die Eltern sie dann nicht beschimpfen oder beschämen, wenn sie etwa Schokolade von einem Fremden angenommen haben, obwohl sie es doch nicht tun sollten. Ein wichtiger Baustein der Prävention ist auch, die klare Botschaft zu vermitteln: Was immer auch passiert, wir sind für dich da.

1. Sexueller Missbrauch

Wie der Stein ins Rollen kam – die aktuelle Lage

> Liebe ehemalige Schülerinnen und Schüler,
> in den vergangenen Jahren haben sich mehrere von Ihnen bei mir gemeldet, um sich mir gegenüber als Opfer von sexuellem Missbrauch durch einzelne Jesuiten am Canisius-Kolleg zu erkennen zu geben. Die Spur der Missbräuche zieht sich durch die 70er Jahre hindurch bis in die 80er Jahre hinein. Mit tiefer Erschütterung und Scham habe ich diese entsetzlichen, nicht nur vereinzelten, sondern systematischen und jahrelangen Übergriffe zur Kenntnis genommen. Es gehört auch zur Erfahrung der Opfer, dass es im Canisius-Kolleg und im Orden bei solchen, die eigentlich eine Schutzpflicht gegenüber den betroffenen Opfern gehabt hätten, ein Wegschauen gab. Allein schon deswegen gehen die Missbräuche nicht nur Täter und Opfer an, sondern das ganze Kolleg, sowohl die Schule als auch die verbandliche Jugendarbeit. Aus demselben Grund bitte ich hiermit zunächst alle betroffenen ehemaligen Canisianerinnen und Canisianer stellvertretend für das Kolleg um Entschuldigung für das, was ihnen am Kolleg angetan wurde …« [5]
> Pater Klaus Mertes, ehemaliger Leiter des Berliner Canisius-Kollegs, Januar 2010

Es war ein Tabubruch. Niemals zuvor hatte ein Vertreter der Kirche öffentlich über den Missbrauch von Kirchenmännern an

Schutzbefohlenen gesprochen, das Unfassbare benannt und sich dafür entschuldigt. In der Regel war weggehört, weggeschaut, vertuscht und vielleicht ein Beschuldigter versetzt worden – an eine andere Schule oder Jugendeinrichtung, wo er neu anfangen konnte mit seinen Übergriffen. Pater Mertes hat in Interviews darauf hingewiesen, wie schlimm es für die Betroffenen war, dass ihnen nicht zugehört, nicht geglaubt wurde. Eine zweite Traumatisierung. Wie schwierig und oft unmöglich es ist, zu erzählen, was einem passiert ist, wenn man auf eine Wand der Ignoranz, des Unglaubens, der Gegenanschuldigungen stößt. Es ist das Gefühl, nochmals gedemütigt zu werden. Und doch haben einige mutige Betroffene nicht nachgelassen, das Unrecht, das Patres an ihnen verübt haben, anzuprangern und auf die fatalen Konsequenzen für ihr Leben und das unzähliger anderer Opfer hinzuweisen. Mit ihrer Hartnäckigkeit haben sie Klaus Mertes, den ehemaligen Leiter des Berliner Canisius-Kollegs, auch dazu gebracht, Stellung zu beziehen.

Seine öffentliche Entschuldigung hat eine Lawine ins Rollen gebracht: Über hundert Betroffene haben sich bei ihm gemeldet. Die Medien haben das Thema breit aufgenommen, und Betroffene in der ganzen Bundesrepublik machten auf einmal öffentlich, was ihnen widerfahren ist: An vielen pädagogischen Orten wurden Kinder und Jugendliche von Erwachsenen, denen sie anvertraut waren, sexuell und gewalttätig ausgebeutet. Die Odenwaldschule in Heppenheim, deren Leiter Gerold Becker der Lebensgefährte des Reformpädagogen Hartmut von Hentig war, gehörte ebenso dazu wie das badische Kolleg St. Blasien und die Klosterschule Ettal bei Garmisch-Partenkirchen.

Viele Experten, die schon lange mit dem Thema befasst waren, redeten plötzlich von einem Dammbruch.[6] Eine offene Debatte begann. Die Bundesregierung richtete einen Runden Tisch ein, dem drei Ministerien angehörten. Es wurde die Stelle der Unabhängigen Beauftragten zur Aufarbeitung des sexuellen Kindesmissbrauchs geschaffen. Die Leiterin dieser Stelle, Dr. Christine Bergmann, gab Forschungsaufträge heraus, startete eine große Werbekampagne mit dem Titel »Sprechen hilft« und richtete eine Anlaufstelle für Betroffene ein.

Einen Runden Tisch zum Thema »Heimerziehung in den 50er und 60er Jahren« gab es bereits seit Februar 2009, unter der Leitung der Bundestagsvizepräsidentin a.D. Antje Vollmer. Dieser fand allerdings kaum Beachtung in der Öffentlichkeit.

Dies änderte sich nun. 22 000 Betroffene meldeten sich bei der eigens eingerichteten Stelle der Unabhängigen Beauftragten zur Aufarbeitung des sexuellen Kindesmissbrauchs und ungezählte weitere bei anderen Hotlines, Beratungsstellen und Psychotherapeuten. Wie viel Prozent der tatsächlich Betroffenen diesen Schritt gegangen sind, weiß niemand, aber die Welle war groß, sie brach den Damm des Schweigens, Wegguckens, Verdrängens. Öffentlichkeit war hergestellt. Endlich gab es – nicht nur punktuell – ein offenes Ohr für die Betroffenen, endlich wurde ihnen geglaubt, welche Schicksale sie mit der Rückendeckung durch renommierte Institutionen erleiden mussten. Wegschauen war unmöglich geworden.

Wie sich die öffentliche Diskussion verändert hat

Es ist erstaunlich, wie viel durch die öffentliche Diskussion ins Rollen kam. Gesellschaften, Institutionen, denen aufgrund ihrer Funktion das Thema längst bekannt war, meldeten sich jetzt erst zu Wort. So räumte zum Beispiel die Deutsche Gesellschaft für Erziehungswissenschaft erst im April 2011 in einer Stellungnahme ein, sie habe »in der Vergangenheit Hinweise auf pädophile Gewaltanwendungen von Pädagogen nicht mit der notwendigen

Aufmerksamkeit registriert und damit als selbstverständlich anzusehende Standards nicht genügend beachtet«.[7] Christine Bergmann fand deutliche und zugleich einfühlsame Worte:

> »Wir müssen anerkennen, was die Betroffenen sagen. Anerkennen, was passiert ist, und uns darum kümmern, damit andere dies nicht erleben müssen.« [8]

Heute, so formuliert der Journalist Christian Denso in einem Artikel bei Zeit-Online ganz optimistisch, hat sich etwas verändert: »Sexuellen Missbrauch gab es, gibt es und wird es weiter geben. Gerade in Familien, immer noch der Tatort für die überwiegende Zahl von Fällen. Und doch sind Kinder heute emanzipierter, selbstbewusster als vor fünfzehn oder zwanzig Jahren. Zudem gibt es zumindest in Ansätzen so etwas wie eine Kultur der Aufmerksamkeit beim Thema Missbrauch. Ein institutionalisiertes Kartell des Schweigens, das Täter deckt, ist heute nur noch schwer vorstellbar. Auch weil endlich aufgedeckt wurde, was geschehen ist.«[9]

Schön wär´s. Auch heute noch werden Jugendhelfer, die Kinder in Einrichtungen missbrauchen, nicht angezeigt, nicht versetzt und diejenigen, die den Schritt wagen, ihren Kollegen anzuzeigen, ihrerseits denunziert.

Warum die öffentliche Diskussion derart ins Rollen kam, hat mit Sicherheit mehrere Gründe. Auf ein unmerkliches »Paradox im Skandal« machen Behnisch und Rose in ihrer Analyse der Mediendebatte aufmerksam: Die »Fälle«, um die es geht, sind alle vor langer Zeit geschehen. Im juristischen Sinne sind die meisten verjährt, die Täter oft nicht mehr im Dienst oder sogar bereits verstorben. Dieses Wissen – »Das war ja früher« – schaffte eine »Beruhigung in der Beunruhigung«. Vielleicht sei diese Distanz zur Besprechung des Ungeheuerlichen notwendig, so wie viele

Betroffene auch erst nach Jahren oder Jahrzehnten darüber reden können, was sie erlebt haben.[10]

Dennoch gibt es Grund zur Hoffnung. Diese Hoffnung äußert selbst Norbert Denef vom Netzwerk der Betroffenen, der sich ansonsten sehr skeptisch über die Wirkung des Runden Tisches und die Einbeziehung Betroffener in die öffentliche Diskussion äußert. »Wir haben jetzt die riesige Chance, etwas zu verändern.« Wenn plötzlich alle über das Unaussprechliche reden, habe das enorme Auswirkungen für das öffentliche Bewusstsein und für die Betroffenen selbst. Passend dazu zitiert er Shakespeare: »Der Kummer, der nicht spricht, nagt am Herzen, bis es bricht.«[11]

Es lässt sich leichter über das Unrecht sprechen, das einem angetan wurde, wenn man gehört wird. Und die öffentliche Anerkennung dessen, was geschehen ist, lässt auf eine Sensibilisierung des gesellschaftlichen Klimas hoffen. Ein Klima, in dem es möglich wird, das Schweigetabu zu brechen, in dem Betroffenen geglaubt wird und sie die richtige Hilfe bekommen. Die »Lawine« hat jedenfalls dazu geführt, dass Beratungsstellen weit häufiger um Hilfe angerufen werden.[12]

> »Der öffentliche Diskurs stellt ein wichtiges Element im Prozess der persönlichen Bewältigung dar, weil er sich – stellvertretend für den individuell erlebten Zwang zur Geheimhaltung – über das Schweigegebot der Täter hinwegsetzt.«[13]
> Elisabeth Helming und Peter Mosses, Deutsches Jugendinstitut

Nicht zufällig lautet die Kampagne von Christine Bergmann »Sprechen hilft«. Das ist die Kernidee der Kampagne. Natürlich ist das Unrecht durch Reden und Zuhören allein nicht aus der Welt zu schaffen. Trotzdem: Sprechen ist der Weg, das Leid ein bisschen auf andere Schultern mit zu verteilen und die

Bestätigung zu bekommen: »Dein Gefühl stimmt«, »Dir wird geglaubt« und »Du bist nicht schuld.«

Wie es weitergehen sollte ...

Der Begriff »Abschlussbericht« der Unabhängigen Beautragten zur Aufarbeitung des sexuellen Missbrauchs könnte zu einem Trugschluss führen, dass man nämlich jetzt genug getan hätte und wieder zur Tagesordnung übergehen könnte. Das ist natürlich überhaupt nicht so. Im Bergmann-Bericht, der 2011 veröffentlicht wurde, werden Vorschläge gemacht, wie ab jetzt mit den neuen Erkenntnissen über sexuellen Missbrauch an Kindern verfahren werden sollte, er endet mit Empfehlungen für Maßnahmen:

- die Einrichtung einer unabhängigen Stelle und eines Hilfeportals zum Thema sexueller Kindesmissbrauch
- die Verlängerung der Verjährungsfrist von sexuellem Missbrauch auf dreißig Jahre
- Unterstützung von Betroffeneninitiativen
- weitere Kampagnen zur Sensibilisierung der Öffentlichkeit
- spezielle Unterstützung für Betroffene aus DDR-Heimen
- konkrete Forschungsvorschläge, speziell zu den Themen »Sexuelle Übergriffe unter Kindern und Jugendlichen«, »Kinder und Jugendliche mit Behinderungen«, »Kinder und Jugendliche mit Migrationshintergrund«, »Rituelle Gewalt« und »Kinderpornographie«
- wirksame Prävention

Das Netzwerk Betroffener fordert jedoch die komplette Abschaffung der Verjährungsfrist, und es hat dafür ein gewichtiges Argument: Opfer brauchen häufig sehr lange, um über das Verbrechen zu reden – manchmal viele Jahrzehnte. Für die betroffenen Menschen gibt es keine Verjährung. Sie sind lebenslang durch ihre Erfahrungen geprägt.

> »Missbrauch dauert oft ein ganzes Leben, auch wenn die Taten selbst schon längst vorbei sind. Das Gefühl der Ohnmacht, der Hilflosigkeit bekommen die Betroffenen nicht mehr los. Es dringt ein in ihre Beziehungen, in ihre Familien, es raubt ihnen das Urvertrauen in andere Menschen.«[14]
> Christine Bergmann

Für die Umsetzung der Maßnahmen wurde die Stelle der »Unabhängigen Beauftragten zur Aufarbeitung des Sexuellen Missbrauchs« umbenannt in »Unabhängiger Beauftragter für Fragen des sexuellen Kindesmissbrauchs«, besetzt durch Johannes-Wilhelm Rörig. Er ist dem Bundesfamilienmisterium zugeordnet und soll prüfen, ob die Empfehlungen umgesetzt werden. Zu den Aufgaben des Unabhängigen Beauftragten gehören:[15]

- die Fortführung der telefonischen Anlaufstelle
- die Entwicklung eines Online-Hilfeportals
- das Monitoring und die Unterstützung der Umsetzung der Empfehlungen des Runden Tisches »Sexueller Kindesmissbrauch«
- die Begleitung der Aufarbeitung von Fällen sexuellen Kindesmissbrauchs
- die Begleitung der Einrichtung eines ergänzenden Hilfesystems und eines Sachverständigengremiums sowie ständige Mitgliedschaft in diesem Gremium
- die Förderung von Vernetzung und Austausch
- die Vergabe von Forschungsaufträgen
- die Sensibilisierung der Gesellschaft zum Thema

2. Phantasie, Panikmache oder Realität

»So wie jedes Schulkind den Fluchtweg bei Feuer kennt, so muss es auch den Ausweg aus sexueller Gewalt kennen.«[16]
Christina Schröder, Familienministerin, 2010

Sexueller Missbrauch – ein verwirrender Begriff

Was ist sexueller Missbrauch?

- Ein Vater badet mit seiner neunjährigen Tochter.
- Ein Onkel gibt seiner fünfjährigen Nichte einen Zungenkuss.
- Eine Mutter lässt sich von ihrem zehnjährigen Sohn – nur mit Slip bekleidet – massieren.
- Ein Busfahrer bittet eine vierzehnjährige Schülerin, ihn am Penis zu kratzen, er müsse ja mit beiden Händen den Bus steuern.
- Ein Dreizehnjähriger fasst seiner vierjährigen Schwester zwischen die Beine.
- Ein Fünfjähriger fordert im Kindergarten ein gleichaltriges Mädchen auf, ihm einen zu blasen.

Wenn Sie überlegen, welche dieser Situationen Sie als sexuell übergriffig bezeichnen würden und darüber mit anderen ins Gespräch kommen, werden Sie schnell merken, wie unterschiedlich und kontextabhängig man diese Szenen bewerten kann und wie unterschiedlich auch die Meinungen darüber ausfallen, was eigentlich unter sexuellem Missbrauch verstanden wird.

Wenn ein Vater mit seiner neunjährigen Tochter badet, kann das ganz normal sein – er hat es immer getan und die beiden hatten viel Spaß dabei. Vielleicht hat er aber auch jetzt erst damit angefangen. Dann wäre die Situation schon eine ganz andere. Bei dem Dreizehnjährigen, der seiner vierjährigen Schwester zwischen die Beine fasst, wäre entscheidend, ob dies nur ein kurzes Versehen ist oder ob es willentlich und ausgiebig geschieht. Die Beurteilung wäre in beiden Fällen eine völlig andere.

Die Diskussionen darüber, was sexueller Missbrauch genau ist und wie man ihn definiert, führen Experten bis heute. Eine einheitliche Definition gibt es nicht. Die meisten Versuche, diesen Begriff zu fassen, sind mit Einschränkungen und Vorbehalten verbunden:

- Muss ein Altersunterschied zwischen Täter und Opfer bestehen? Manche Experten führen einen Altersunterschied von fünf Jahren als Kriterium ein.
- Ist Körperkontakt ein notwendiges Kriterium oder zählt auch Exhibitionismus dazu?
- Wurde das Kind durch den Übergriff geschädigt?
- Was ist mit Missbrauch im Internet?

Alle Definitionsversuche haben Haken und Ösen. Zum Beispiel ist sexueller Missbrauch durchaus unter Gleichaltrigen vorstellbar, wenn man bedenkt, wie unterschiedlich weit die geistige und körperliche Entwicklung von zwei Fünfzehnjährigen sein kann.

Wie misst sich der Schaden, die Verletzung, die ein Kind davongetragen hat? Manchmal stellt sich erst nach Jahren oder Jahrzehnten heraus, ob ein Kind geschädigt oder sogar traumatisiert ist. Dafür gibt es kein allgemeingültiges Messinstrument. Auch ist oft nicht eindeutig festzustellen, ob die sexuellen Kontakte gegen den Willen eines Kindes durchgeführt wurden. Ein Kind kann nicht überschauen, worum es dem Erwachsenen geht. Es kann sich schlicht nicht vorstellen, was Erwachsene unter Sexualität verstehen, selbst wenn es theoretisch die Worte kennt und weiß, wie Erwachsenen-Sexualität »funktioniert«.

Hinzu kommt, dass manche Kinder sagen, sie hätten nichts dagegen gehabt oder es auch gewollt. Das sagen sie meist, weil sie die Wahrheit nicht ertragen können und sie deshalb ausblenden müssen. Es ist für sie schlicht nicht auszuhalten, dass eine ihnen sehr nahestehende Person, von der sie eventuell sogar abhängig sind, zu so etwas Schrecklichem in der Lage ist. Kinder sind keine gleichberechtigten Partner, sie sind Erwachsenen immer auf körperlicher, geistiger, seelischer und sprachlicher Ebene unterlegen – immer!

Es ist also kompliziert und man muss genau hinschauen. Umstritten ist auch der Begriff »Sexueller Missbrauch«. Es gibt noch viele andere Bezeichnungen, die verwendet werden: sexuelle Gewalt, sexuelle Ausbeutung, sexuelle Misshandlung, Inzest, Seelenmord, realer Inzest, sexualisierte Gewalt, sexueller Übergriff oder sexuelle Belästigung.[17]

Das Wort sexueller Missbrauch ist auch deshalb sprachlich zweischneidig, weil es impliziert, dass es einen »Gebrauch« im guten Sinne gäbe. Dennoch ist »sexueller Missbrauch« in Deutschland zur Zeit der Begriff, der am durchgängigsten benutzt wird.

Aber es gibt auch Einigkeit in manchen Punkten und Minimalkriterien: Sexuelle Handlungen, die durch Drohungen oder körperliche Gewalt erzwungen wurden, gehören in jedem Fall dazu.

Sexualität ist etwas ganz Privates und Persönliches und bedeutet für Kinder und Erwachsene etwas Grundverschiedenes. Das heißt, man kann keine Maßstäbe Erwachsener anlegen wie bei sexuellen Übergriffen unter Erwachsenen. Unter diesen Vorbehalten ist die Definition des Vereins »Dunkelziffer«, der Hilfe für sexuell missbrauchte Kinder anbietet, eine Annäherung:

»Sexueller Missbrauch an Mädchen und Jungen ist jede sexuelle Handlung, die an, mit oder vor einem Kind vorgenommen wird.
Sexueller Missbrauch bedeutet, dass der Täter/die Täterin seine/ihre Macht- und Autoritätsposition sowie das Vertrauens- und Abhängigkeitsverhältnis ausnutzt, um seine/ihre eigenen Bedürfnisse auf Kosten des Kindes zu befriedigen.
Zentral dabei ist die direkte und/oder indirekte Verpflichtung zur Geheimhaltung.« [18]

Aber auch diese Definition ist noch ungenau und schließt die Situation, dass der Täter ein Gleichaltriger oder ein Fremdtäter ist, nicht mit ein.

Fakten und Zahlen – ein grauer Nebel

Wie steht es mit der Häufigkeit sexuellen Missbrauchs? Manchen Eltern helfen statistische Daten, um eine gewisse Wahrscheinlichkeit, dass es ihr Kind treffen oder nicht treffen könnte, zu errechnen. Zumindest möchten sie das Gefühl haben, die Gefahr gedanklich eingrenzen zu können. Aber die Zahlen lassen sich so genau nicht angeben. Die statistischen Daten, die von Forschern, Statistikern und Polizeibehörden herausgegeben werden, schwanken zum Teil um mehrere hundert Prozent. Auch hier geht es natürlich wieder um die Frage, was überhaupt gemessen wurde. Welche Definition von sexuellem Missbrauch wurde zugrunde gelegt und wer wurde überhaupt befragt?

Das Bundeskriminalamt hat noch den leichtesten Part. Es veröffentlicht die Zahlen der Fälle von sexuellem Missbrauch, die angezeigt wurden. Und das waren zum Beispiel im Jahr 2009 in Deutschland 11319 Fälle, im Jahr 2010 dagegen sind

14407 Fälle aktenkundig geworden. Und da beginnt schon die Unsicherheit. Wie kommt es zu diesem rapiden Anstieg innerhalb von nur einem Jahr? Gab es tatsächlich mehr Fälle oder führte nur die größere Öffentlichkeit des Themas dazu, dass in der Bevölkerung der Mut gestiegen ist, sexuellen Missbrauchs überhaupt anzuzeigen? Ganz abgesehen von der Frage: Was wurde alles nicht angezeigt? Klar ist, die Dunkelziffer ist höher. Je nach Schätzung kommen auf einen angezeigten Fall fünf bis zwanzig nicht aktenkundig gewordene Fälle; das bedeutet zwischen 50000 und 300000 Opfer sexuellen Missbrauchs jährlich.[19] Die Beratungsstelle »Dunkelziffer« geht von einer Zahl aus, die mindestens zehnmal höher ist als die Zahl aktenkundiger Fälle. Das wären dann im Jahr 2010 in Deutschland 144070 Kinder, die Opfer von sexueller Gewalt geworden sind.

Wie werden Dunkelziffern ermittelt?

Um »Licht ins Dunkel« zu bringen, wird eine Stichprobe erwachsener Einwohner der Bundesrepublik Deutschland anonym – mit Fragebogen oder telefonisch – nach Missbrauchserfahrungen im Kindes- und Jugendalter befragt. Wie Peer Briken und Hertha Richter-Appelt darlegen, unterscheiden sich die großen Untersuchungen, die in den letzten Jahren durchgeführt wurden, deutlich in ihren Ergebnissen: Zwischen 4 und 62 Prozent der Frauen und zwischen 3 und 31 Prozent der Männer wurden als Kinder sexuell missbraucht. Die Zahlen variieren, weil unterschiedliche Definitionen von sexuellem Missbrauch zugrunde gelegt wurden und die Stichproben der Befragten aus ganz verschiedenen Bevölkerungsgruppen zusammengesetzt waren.

Auch das Kriminologische Forschungsinstitut Niedersachsen arbeitet mit anonymen Befragungen. In ihrer Opferbefragung 2011 stellen die Forscher einen starken Rückgang von Sexualdelikten an unter Sechzehnjährigen fest. Während im Jahre 1992, als die letzte derartige Befragung stattgefunden hatte, 8,6 Prozent der Frauen und 2,8 Prozent der Männer angegeben hatten, bis zum sechzehnten Lebensjahr eine Missbrauchserfahrung mit Körperkontakt zum Täter gemacht zu haben, waren es im Jahr 2011 nur noch 6,4 Prozent der Frauen und 1,3 Prozent der Männer. Als Grund für den Rückgang nannte die Bildungsministerin Annette Schavan eine gestiegene »Kultur der Aufmerksamkeit«, und der Direktor des Kriminologischen Forschungsinstituts Niedersachsen, Christian Pfeiffer, sprach von einer »Hinwendung zu den Opfern«. Es sei leichter geworden, über Sexualität zu sprechen: »Die Scham ist vorbei.«[20]

Schon bei Bekanntgabe der Ergebnisse machten Experten auf Schwächen der Studie aufmerksam und bezweifelten die Zahlen: So seien nur Personen bis vierzig Jahre befragt worden. Viele Traumaforscher gehen aber davon aus, dass vor allem Missbrauchsopfer, die durch nahestehende Personen missbraucht wurden, erst viel später in der Lage sind, über ihre Erfahrungen zu sprechen. Außerdem sei das Internet als Ort sexualisierter Gewalterfahrung nicht berücksichtigt und es seien keine Menschen befragt worden, die psychisch krank und traumatisiert seien. Diese Menschen haben aber sehr viel häufiger als andere sexuellen Missbrauch erlebt. Ihre Symptome sind oft Folgen dieser schrecklichen Erfahrungen. Auch die Zahl derer, die sich als Erwachsene aufgrund ihrer zerstörten Kindheit das Leben genommen haben, war natürlich nicht mitgerechnet.

Tatsache ist: Die Dunkelziffer ist und bleibt erschreckend hoch, und das hat mit dem schwierigen Thema zu tun. Opfer sexueller Gewalt gehen meist nicht direkt zur Polizei und zeigen den Täter an. Wie soll ein Kind auch einen Erwachsenen, von dem es abhängig ist, anzeigen? Es hat Angst, steht unter Schock und es fehlen ihm die Worte. Zwischen der Tat und dem Zeitpunkt ihres Bekanntwerdens vergehen in 20 Prozent der Fälle Monate und in 65 Prozent zwei bis über zwanzig Jahre. Und dann sind Ansprechpartner eher Freunde als Strafverfolgungsbehörden.[21]

Tatsachen und Schicksale – verdrängte Themen

> »Die Vorstellung, dass Kinder missbraucht werden – und zwar nicht vom bösen Fremden, sondern vom angesehenen Vater, der netten Mutter, dem freundlichen Nachbarn, dem geachteten Pater, dem beliebten Trainer etc. – ist so schrecklich, dass sie Abwehr erzeugt.« [22]
>
> Christine Bergmann

Sexueller Missbrauch ist ein Thema, das spaltet. Es gibt immer Menschen, die sehr betroffen sind von den Schicksalen der Missbrauchsopfer. Und genauso gibt es Menschen, die diese Schicksale komplett verneinen: »Das kann nicht sein«, »Das ist nicht möglich.« Den Betroffenen oder den Zeugen eines Missbrauchfalles wird vorgeworfen, zu übertreiben oder den Tätern eins auswischen zu wollen. Wie ist sonst zu erklären, dass es Jugendamtsmitarbeiter gibt, die sehr viele Fälle aufdecken, und andere, die keinen einzigen Missbrauchsfall in ihrem Bezirk registrieren?

- Die Geschichten sind so gruselig, dass man sie nicht aushalten kann, nicht wahrhaben will, sie dürfen nicht wahr sein.
- Das Thema macht Angst, es entgleitet einem immer wieder. Die Definitionsprobleme und die Schwankungen in den Statistiken sind ein Indikator dafür.
- Hinschauen bedeutet, Schreckliches zu hören, Einschreiten bedeutet, ein Tabu zu übertreten, nämlich mit fremden Menschen über Sexualität zu sprechen, und zwar nicht über

schöne, sondern über gewalttätige, grausame, übergriffige Erlebnisse, und diese zu bewerten.

- Hinzu kommt, dass man so viel falsch machen kann: Wie befragt man Kinder? Wie geht man mit den Erwachsenen und den möglichen Tätern um? Und: Wie geht es nach der Aufdeckung eines Missbrauchsfalls weiter?

Einfluss hat auch die eigene Geschichte. Sexualität ist immer noch ein Tabuthema. Darüber redet man nicht, auch nicht mit Fremden. Und es herrscht die Einstellung vor: Kinder sind Kinder – die haben nichts mit Sexualität zu tun. Innerlich wehrt man sich dagegen, zum Beispiel den jungen engagierten Fußballtrainer oder die fürsorgliche Mutter als Täter oder Täterin zu sehen.

Der Erziehungswissenschaftler Dirk Bange macht auf einen fatalen seelischen Mechanismus aufmerksam, der immer wieder einsetzt, wenn ein Fall von sexuellem Missbrauch bekannt wird:

> »Auf jeden Versuch, sexuelle Gewalt gegen Kinder zu problematisieren, folgte immer der Versuch, die Realität sexuellen Missbrauchs an Kindern zu leugnen …
> Dabei wurde jedes Mal die Glaubwürdigkeit der Opfer angezweifelt. Der Ödipuskomplex diente immer wieder als Möglichkeit, den Opfern eine rege Phantasie zu unterstellen und die Täter als abnorm hinzustellen, um die Normalität des Problems zu verschleiern … Mit Ausnahme der heutigen Diskussion wurde der sexuelle Missbrauch immer als ein besonderes Problem der Zeit hingestellt. Die historische Kontinuität wurde nicht wahrgenommen.«[23]

Das bedeutet, dass die Spaltung nicht nur zwischen verschiedenen Menschen verläuft, sondern ebenso in jedem Einzelnen von uns. Das heißt, dass Eltern vielleicht manchmal übervorsichtig sind und ihr Kind nicht mehr alleine vor die Tür lassen – ein anderes Mal aber schauen sie nicht so genau hin, weil der Onkel oder der Trainer oder der Nachbar doch so nett ist. Es ist sehr wichtig, sich diese Ambivalenzen vor Augen zu führen.

3. Der »schwarze Mann« ist meist nicht der Täter

> »Das Vertrauen ist eine zarte Pflanze. Ist es einmal zerstört, so kommt es sobald nicht wieder.«[24]
> Otto Fürst von Bismarck, 1815 bis 1898, ehemaliger Reichskanzler

Meistens sind die Täter den Kindern bekannt

Fremdes macht Angst. Weil es neu ist und unbekannt und wir nicht wissen, was uns erwartet. Wenn ein Kind in eine neue Klasse geht oder ein Erwachsener eine neue Arbeitsstelle antritt, dann sind alle Wahrnehmungsantennen ausgefahren, alle Sinne aktiv. Volle Aufmerksamkeit ist angesagt. Wir müssen uns konzentrieren und schauen, was auf uns zukommt und wie wir uns am besten verhalten und wappnen in der neuen Situation. Nach einigen Wochen lässt die Anspannung nach, wir kennen uns aus, sind mit den Menschen und den Gegebenheiten vertrauter, die Angst wandelt sich um in Sicherheit und vielleicht Freude. Genau in dieser so beruhigenden Situation, in einer Umgebung, in der sich Kinder in Sicherheit wiegen und ihre Eltern sie gut aufgehoben glauben, agieren die allermeisten Missbraucher.

Und die Eltern – sie vertrauen ihr Kind einem Internat an, von dem sie sich eine besondere Erziehung erhoffen, einem Kindergarten, der die Entwicklung des Kindes besonders fördern soll, oder einer Babysitterin, bei der sie sich sicher sind, dass das Kind gut aufgehoben ist. Je sorgfältiger eine Betreuung ausgewählt wurde, desto absurder erscheint den Eltern der Gedanke, dass etwas nicht stimmen könnte.

Auf der anderen Seite ist es so: Je abwegiger und paradoxer die Vorstellung ist, dass das Kind in einer Situation nicht sicher ist, desto größer ist der Nährboden dafür, dass solche Verbrechen unentdeckt und ungeahndet bleiben.

»Warum hast du denn nichts gesagt?« – viele Kinder können sich keine Hilfe holen

Was bedeutet es für die Kinder, wenn die Sinne der Erwachsenen »vernebelt« sind? Ein Kind, dem sexuelle Gewalt widerfährt, versucht im Durchschnitt siebenmal, sich einem Erwachsenen mitzuteilen, bevor es gehört wird. Zwischen diesen einzelnen Versuchen liegen manchmal Monate oder Jahre, in denen das Kind in einer ihm ausweglos erscheinenden Situation verharrt und vielleicht resigniert.

Wie kommt es dazu, dass wir Erwachsenen oft nichts mitbekommen und wie aus allen Wolken fallen, wenn der Missbrauchsfall dann öffentlich wird? Es gibt mehrere gravierende Gründe, warum Kinder sich nicht mitteilen können und warum Erwachsene die Signale, die die Kinder senden, nicht verstehen:

Täter und Opfer verständigen sich meist in einer verschlüsselten Sprache. Kinder, die missbraucht werden, sind auf »Code-Sätze« geeicht, etwa wenn ein Stiefvater sagt: »Wir gehen jetzt mal ins Badezimmer.« Das Kind weiß aus Erfahrung, dass der Stiefvater es dann dort missbrauchen wird. Ein Außenstehender kann diesen Satz aber nicht eindeutig als Ankündigung für einen sexuellen Übergriff verstehen. Das Kind seinerseits ist aber der Auffassung, dass dieser Satz nur eine Bedeutung hat. Es versteht nicht, warum die Lehrerin oder die Mutter den Satz nicht als Zeichen für Missbrauch versteht, wenn es darüber berichtet, was der Stiefvater immer zu ihm sagt.

Das Kind hat keine »richtigen« Worte für das, was ihm passiert.

Das Kind befindet sich in einem Schockzustand. »Freezing«, eingefroren sein, nennen es Bindungsforscher – dies ist die einzige seelische Verfassung, in der das Unfassbare überhaupt zu überleben ist. Das Kind kann nicht handeln. Es agiert mechanisch, seine Seele, seinen Geist versucht es von der Situation getrennt zu halten und in andere »Bewusstseinsebenen« zu retten.

Es hat keine Vertrauenspersonen.

Es hat keine normale Sprache, um über Sexualität zu reden.

Erwachsene setzen es unter Druck. Es hat Angst davor, sich anzuvertrauen und dadurch Schlimmes auszulösen: »Die Familie fällt auseinander«, »Mama wird krank«, »Mir selbst oder meiner Schwester / meinem Bruder geschieht etwas Schreckliches.«

Es ist dem Kind »eingeimpft« worden, dass es eine Mitschuld trägt: »Du hast mich doch verführt«, »Du hast doch selbst Erregung empfunden«.

Erwachsene hören nicht, weil sie selbst mit dem »Sumpf« nichts zu tun haben wollen. Der Missbrauchsfall könnte ein Ungemach für die ganze Familie und für deren Ansehen bedeuten. Sie müssten eventuell mit dem sonst so netten Onkel brechen. Sie würden vielleicht ihrerseits beschuldigt, die Familie zu zerstören und Schuld daran zu haben, dass der Hauptverdiener einer Familie im Gefängnis landet.

Das Kind schämt sich, über das Thema Sexualität überhaupt zu sprechen.

Es schämt sich, dass ihm so etwas passiert ist.

Dies sind gravierende Gründe. Es lassen sich noch viele weitere finden. Sie lassen erahnen, welche Mauer die Kinder umgibt. Es ist sogar eher erstaunlich, dass es einigen Kinder doch gelingt, sich jemandem anzuvertrauen. Der Psychologe Günther Deegener macht auf eine paradoxe Verhaltensweise missbrauchter Kinder aufmerksam. Um das Bild eines guten Vaters oder Onkels nicht aufgeben zu müssen, benehmen sich manche Kinder extra schlecht. Wenn Sie dann dafür zum Beispiel mit Schlägen bestraft werden, geben sie sich hinterher selbst die Schuld. »Mein Vater musste so handeln, ich habe mich ja schlecht benommen.«[25]

Wer sind die Täter?

Als die Missbrauchsfälle in Internaten und Heimen an die Öffentlichkeit kamen, gab es eine Erkenntnis, die viele Menschen besonders aufgerüttelt hat: »Der ›schwarze‹ Mann kommt meistens im ›weißen Gewand‹.« Jeder wusste, dass es Missbrauchsfälle gibt, aber die Vorstellung des schwarzen Mannes, des anonymen, fremden Täters, der seine Opfer auf der Straße anspricht, hat gleichzeitig geholfen, sich zu distanzieren und sich vor der unglaublichen, hilflos machenden Realität zu schützen: »Dieser schwarze Mann ist ein Phantom, er ist weit weg, wir kennen ihn nicht, das Böse ist außen.« Was Experten schon lange wissen, dass die Täter meist keine anonymen Unbekannten sind, erfuhren jetzt in deutlicher Form auch Nicht-Fachleute. Natürlich sind Eltern besonders beunruhigt.

Während ein Viertel aller Täter tatsächlich unbekannt ist, werden drei Viertel aller Missbrauchsfälle von Tätern verübt, die den Kindern bekannt sind. Knapp zwanzig Prozent sind Verwandte, dreißig Prozent Bekannte und zehn Prozent Menschen, mit denen sie eine »flüchtige Vorbeziehung« hatten. Was immer das im Einzelnen heißt: Sie kannten sie. Bei sieben Prozent konnte im Nachhinein nicht geklärt werden, in welcher Beziehung das Opfer zum Täter stand.[26]

Etwa ein Drittel der Täter sind selbst noch nicht volljährig. Die allermeisten, das heißt neunzig Prozent der Täter, sind unter fünfzig Jahre alt.[27] Bei Missbrauch durch Familienangehörige sind laut einer US-amerikanischen Studie Väter und Onkel mit großem Abstand die Haupttäter.[28] Je enger die Beziehung zwischen Täter und Kind ist, desto weniger Drohung und körperliche Gewalt wird angewandt und desto schwieriger ist es für Außenstehende, die sexuelle Gewalt überhaupt zu bemerken.[29]

Sexueller Missbrauch – kein reines Männer-Verbrechen

»Sexueller Missbrauch ist ein Verbrechen, das von Männern begangen wird.« Diese Meinung ist in vielen Köpfen verankert. Auch Fachkräfte haben nicht im Blick, dass es die Möglichkeit gibt, dass Frauen Täterinnen sind. Taten von Frauen werden als »Einzelfälle« tituliert und nicht weiter beachtet. Das bedeutet, dass Täterinnen noch weniger wahrgenommen werden als Täter. Sie werden weniger kritisch beobachtet und sie haben es leichter, ihre Übergriffe hinter angeblichen »Pflegehandlungen« zu verbergen. Ihr Geschlecht gibt ihnen Schutz.

Unvorstellbar ist es, dass Frauen so etwas machen könnten. Noch dazu die eigenen Mütter. Das ist ein Gedanke, gegen den sich alles in uns wehrt. Das darf nicht sein, das entspricht nicht unserem Frauenbild, schon gar nicht dem Bild der fürsorglichen Mutter. Tatsache aber ist: Ungefähr neunzig Prozent der Täter von sexueller Gewalt gegen Mädchen sind männlich. Ungefähr zehn Prozent sind weiblich. Wenn Jungen Opfer werden, so sind die Täter sogar zu etwa 25 Prozent weiblich.[30] Weibliche Täter sind also gar nicht so selten, wie man meint.

Täter kann man nicht »von außen« erkennen

»Der doch nicht. Das kann ich mir überhaupt nicht vorstellen.« Das ist häufig die allererste Abwehrreaktion Erwachsener, wenn ein Mensch, dem man bisher vertraut hat, einem Missbrauchsverdacht ausgesetzt ist. Denn: Wir müssten nicht nur genau hinschauen, uns verwickeln lassen, Schreckliches zur Kenntnis nehmen, wir müssten uns auch Vorwürfe machen. Vorwürfe, dass wir uns getäuscht haben, unsere Menschenkenntnis nicht ausreichte, dass wir unser Kind vielleicht selbst in die gefährliche Situation gebracht haben, es ausgeliefert haben, wenn auch unwissentlich. Diese erwachsene Abwehrhaltung ist verständlich, aber sie stellt eine weitere Hürde für missbrauchte Kinder dar. Diese Haltung verhindert vielleicht, dass wir dem Kind zuhören und ihm glauben, wenn es uns mitteilen will, dass ihm etwas Schlimmes passiert ist oder immer noch passiert.

Nicht selten halten sich Täter gerade auch beruflich im Nahbereich von Kindern auf. Als Busfahrer, Jugendleiter, Betreuer oder Betreuerin von Jugendfreizeiten, als Erzieher oder Lehrer. Nicht selten haben sie sich langsam das Vertrauen der Kinder und der Eltern erworben, indem sie sich besonders nett, engagiert und hilfsbereit verhalten haben.

Wer sind also die Täter? Gibt es einheitliche Persönlichkeitsmerkmale? Forscher haben Täterprofile erstellt, sich mit Täterbiographien befasst und deren Verhalten und Strategien nachvollzogen. Sie haben verschiedene typische Merkmale von Tätern zusammengestellt:

Persönlichkeit der Täter: Täter haben ein geringes Selbstwertgefühl und eine Persönlichkeit voller Schamgefühle. »Selbst wenn es nach außen so scheint, als wenn sie ›starke Männer‹ wären, deutet doch alles darauf hin, dass sie zumindest auf emotionaler Ebene eher ängstlich und sich ihrer Männlichkeit unsicher sind. Dementsprechend haben sie oft Schwierigkeiten, reife Beziehungen einzugehen bzw. sie in Krisenzeiten aufrechtzuerhalten. Hinzu kommen meist Probleme im Umgang mit Aggressionen und mit ihrer Sexualität.«[31]

Eltern-Kind-Beziehung: In ihrer Kindheit haben viele dieser Menschen Beziehungsabbrüche, Zurückweisungen, körperliche Misshandlungen und sexuellen Missbrauch erfahren.

Soziales Umfeld: Hier gibt es keine typischen Merkmale. Sexueller Missbrauch kommt in allen Bevölkerungsschichten vor.

Täter, die ihre Opfer, die Kinder, aus ihrem näheren Umfeld kennen, gehen häufig nach einem ausgeklügelten System vor: Die meisten Täter planen ihre Taten, sie suchen sich ihre Opfer genau aus: Sie schauen gezielt nach Kindern, die kein gutes Verhältnis zu ihren Eltern haben, Kindern, die kaum Kontakte haben, wenige oder gar keine Freunde, Kinder, die selbstunsicher sind. Die Täter machen sich unentbehrlich, sie schenken Aufmerksamkeit, bestechen mit Geschenken, sie testen vorher, wie weit sie gehen können, indem sie ihr Opfer zum Beispiel vorsichtig an der Brust oder zwischen den Beinen berühren. Sie impfen ihm Schuldgefühle ein. Und sie erpressen das Kind, indem sie eine Trennung von den Eltern androhen, wenn es etwas erzählt.

Die amerikanischen Journalisten Elinor Burkett und Frank Bruni haben Fälle von Missbrauch durch Geistliche der katholischen Kirche aufgedeckt und dokumentiert. Sie beschreiben die typischen Täter als »Rattenfänger in ihrer Umgebung, die von den Kindern verehrt und von den Eltern in ihrer Großzügigkeit, ihrer Geduld und ihrer Fähigkeit, mit Kindern umzugehen, gepriesen werden«.[32]

Dennoch gibt es kein eindeutiges Kennzeichen, Täter tragen keinen Stempel auf der Stirn. Das heißt, dass Erwachsene genau hinschauen und aufmerksam sein müssen. Zum Beispiel auch für Gepflogenheiten in Institutionen, denen sie ihr Kind anvertrauen: Gibt es ein sexualpädagogisches Konzept? Gibt es ein transparentes Vorgehen bei aufgedeckten »Vorfällen«? Gibt es eine ausreichende Kommunikation zum Thema Sexualität in der Einrichtung? Fordert die Einrichtung ein erweitertes Führungszeugnis von ihren Mitarbeitern?[33] Gibt es eine vertrauensvolle Atmosphäre, in der Kinder sich mitteilen können? (Siehe auch Kapitel 13.)

Kinder machen nach, was sie erleben – sexuelle Übergriffe zwischen Kindern und Jugendlichen

»Jugendliche sollen Jungen in Feriencamp sexuell missbraucht haben.« Eine solche Schlagzeile, wie sie im Sommer 2010 in allen Zeitungen zu lesen war, ist für viele ein Schock. Organisiert hatte die Ferienfreizeit der Stadtsportbund Osnabrück, dessen Chef »tief betroffen« reagierte. Wie kann so etwas passieren? Warum werden Jugendliche gegenüber Gleichaltrigen und Jüngeren sexuell übergriffig? Statistisch gesehen sind ein Drittel aller Täter selbst noch Kinder, Jugendliche oder Heranwachsende.[34]

Häufig passieren sexuelle Gewalttaten und Übergriffe auch unter Geschwistern. Der amerikanische Sozialwissenschaftler David Finkelhor schätzt, dass dies sogar die häufigste Missbrauchsform ist. Jedoch zeigt selten ein kleines Mädchen seinen älteren Bruder an,[35] so dass man kaum korrekte Zahlen über diese Art des Missbrauchs ermitteln kann.

Etwa die Hälfte aller Menschen, die sexuellen Missbrauch begehen, hat selber sexuelle Gewalt erfahren. So wird, auf den ersten Blick scheinbar absurd, dieses schädliche und als traumatisch erlebte Verhalten von einer Generation an die nächste weitergegeben. »Das war doch so schrecklich, wieso macht er das selber auch?«, fragen Außenstehende. Doch für diesen verhängnisvollen Mechanismus gibt es Gründe: Ein Grund klingt so banal wie einleuchtend: Sie kennen es nicht anders. Vielleicht wurden sie manchmal von ihrem Missbraucher auch gut behandelt und haben gelernt: Gute Behandlung gibt es nur in Verknüpfung mit sexueller Übergriffigkeit. Auf der anderen Seite ist spätestens seit Freud bekannt: Unbearbeitete Erlebnisse aus der Kindheit werden wiederholt, immer in der Hoffnung, das schockierende Erlebnis zu verarbeiten, aufzulösen, einen besseren Ausgang als damals zu finden. Das gilt auch für andere Gewalterfahrungen.

Auch Verwahrlosung, Isolation und Einsamkeit können dazu beitragen, dass Kinder und Jugendliche sexuell übergriffig werden. Deshalb sollten Erzieherinnen und Erzieher, die ein übergriffiges Kind in ihrer Einrichtung haben, immer im Hinterkopf behalten, dass dieses Kind mit hoher Wahrscheinlichkeit selbst Übergriffen ausgesetzt ist. Diesem Kind muss einerseits klargemacht werden, dass es die Grenzen anderer nicht überschreiten darf, andererseits braucht es vielleicht selbst dringend Hilfe (siehe Kapitel 12).

Aber es kann auch anders sein. Häufig kommen auffällige Jugendliche aus »zusammengesetzten« Familien, viele haben keinen positiven kontinuierlichen Kontakt zu ihrem Vater oder einer anderen männlichen Bezugsperson. Manche haben auch übergriffige Erfahrungen außerhalb ihrer Kernfamilie gemacht, vielleicht auch unter Gleichaltrigen, und konnten diese nicht aufarbeiten oder mitteilen oder sie standen selbst unter Druck.[36]

Jungen und Mädchen sind unterschiedlich betroffen

»Mädchen werden von Männern missbraucht.« Dieses unbewusste Bild ist am weitesten verbreitet. Diese Konstellation kann man sich am ehesten erklären und: In der Mehrzahl der Fälle trifft sie auch zu. Aber sowohl Mädchen als auch Jungen sind, wenn auch nicht in gleichem Ausmaß, betroffen. Jedes vierte bis fünfte Mädchen und jeder zwölfte bis vierzehnte Junge wird Opfer von sexueller Gewalt.[37]

Mädchen werden zu etwa einem Drittel von Tätern und Täterinnen aus der Familie missbraucht. Das heißt, von Stiefvätern, Vätern, Brüdern, Müttern, Opas. Jungen werden etwas seltener Opfer sexueller Gewalt innerhalb der Familie, dies ist nur in zehn bis zwanzig Prozent der Fall. Sie werden häufiger von Erziehern, Trainern oder Bekannten der Familie missbraucht.[38] Erschreckend ist auch, dass das Risiko, missbraucht zu werden, bei behinderten Kinder besonders hoch ist. Sie werden zwei- bis dreimal häufiger Opfer von sexueller Gewalt. Sigrid Arabin-Möhrer, Kriminalhauptkommissarin, sagt dazu:

> »Es sind nicht immer nur die süßen, blonden Mädchen im Alter von acht bis neun Jahren. Ganz im Gegenteil: Unsere Erfahrung ist, dass sehr oft auch behinderte Kinder betroffen sind und bewusst ausgewählt werden, weil Täter sich erhoffen, dass sie nicht aussagen werden und dass ihnen nicht geglaubt wird.«

Jungen haben es in unserer Kultur schwerer als Mädchen, eine sichere geschlechtliche Identität zu entwickeln. Das ist die Meinung von Psychoanalytikern, und ihre Erklärung ist nachvollziehbar: Kinder orientieren sich an ihren Eltern als ersten Modellen für Mann und Frau. Sie identifizieren sich mit ihnen, eifern ihnen nach und grenzen sich später ab. Es ist für die Bildung einer eigenen Identität essenziell, dass beide Elternteile präsent sind und sich als »Sparringspartner« und Modell zur Verfügung stellen. Häufig ist es so, dass die Väter nicht in gleichem Maße ansprechbar sind wie die Mütter. Die Jungen verbinden sich innig mit der Mutter, müssen sich aber in der Pubertät von ihr ablösen und ein eigenes Bild von Männlichkeit entwickeln.

Aus psychoanalytischer Sicht betonen Jungen in ihrem Streben, sich von der Mutter abzulösen, sehr stark ihre Geschlechtlichkeit und versuchen so, ein Bild von Männlichkeit ohne männliches Vorbild zu entwickeln. Sie neigen eher dazu, Gefühle und soziale Beziehungen zu sexualisieren. Das gibt ihnen vermeintlichen Halt. Denn ihre Ängste vor Nähe, vor Beziehung, vor Versagen sind darunter verborgen und zeigen sich möglicherweise in Aggression und dem Streben nach Dominanz. Die Einfindung in die männliche Rolle geschieht also überwiegend durch eine Betonung der Geschlechtlichkeit.[39]

Die Frage: »Was ist sexueller Missbrauch?«, wird häufig geschlechtsspezifisch beantwortet: Mädchen und Jungen nehmen »Missbrauch« unterschiedlich wahr beziehungsweise sie stellen ihn anders dar. In Studien wurden Situationen, die eindeutig als Missbrauch eingestuft werden, von Jungen häufiger als »homosexuelles« Erlebnis dargestellt. Mädchen beschreiben sie eher als »negative sexuelle Erfahrungen.«[40] Möglicherweise deuten Jungen die Situation um, um nicht als Opfer dazustehen (siehe Kapitel 13).

4. Auf der Suche nach Sicherheit

Eltern und Erzieher können etwas tun

> »Eure Kinder sind nicht eure Kinder. Sie sind die Söhne und Töchter der Sehnsucht des Lebens nach sich selber. Sie kommen durch euch, aber nicht von euch. Und obwohl sie mit euch sind, gehören sie euch doch nicht. Ihr dürft ihnen eure Liebe geben, aber nicht eure Gedanken, denn sie haben ihre eigenen Gedanken … versucht nicht, sie euch ähnlich zu machen.«[41]
> Khalil Gibran: Der Prophet

Mike und Helmut sind Zwillinge. Mit zehn Jahren sind sie beide ins Internat gekommen. Ein gutes katholisches Internat hatten die Eltern für sie ausgewählt, ein teures, eins mit gutem Ruf. Sie sollten eine gute Ausbildung bekommen, und zu Hause waren noch drei weitere Kinder zu versorgen.

Mike hat auf diesem Internat sein Abitur gemacht. Helmut hat irgendwann abgebrochen – die Noten wurden zu schlecht. Das ist vierzig Jahre her. Mike ist heute verheiratet und hat einen guten Beruf, er ist Abteilungsleiter in einer Bank. Helmut hatte mehrere Beziehungen, hat zwei Kinder, ist hoch verschuldet, lebt von seiner Frau getrennt. Vierzig Jahre nach der Zeit im Internat beginnt die öffentliche Debatte über die Missbrauchsfälle in Internaten. Als Helmut seinen Bruder besucht, erzählt er Mike zum ersten Mal, was er im Internat erleben musste: »Ich gehöre auch zu denen«, sagt er zu seinem Bruder. Jahrelang wurde er von verschiedenen Patres missbraucht – im Keller. Dafür bekam er Pöstchen, kleine Sonderrollen, Sprecherjobs im Internat. Mike kann es nicht fassen. Wie konnte er das nicht gemerkt haben, dass seinem Bruder so etwas angetan wurde? Und wieso ist ihm selbst so etwas nie passiert? »Ich war immer frech, habe mich immer mit den Lehrern angelegt. Ich habe mir nichts bieten lassen«, sagt Mike. Helmut war anders. Er war unsicherer, suchte viel Bestätigung und er hatte Sehnsucht nach seinen Eltern. Denen hat er einmal im Brief vorgeschlagen, dass er doch wieder nach Hause kommen könnte, er würde auch nur eine ganz kleine Ecke im Haus für sich beanspruchen – aber sie holten ihn nicht nach Hause. Dass er mehr suchte und mehr brauchte als sein Zwillingsbruder, das haben die Patres gespürt. Gezielt haben sie den bedürftigeren, nach Zuneigung und Anerkennung hungernden Bruder ausgesucht. Ihm für seine »Dienste« Anerkennung gegeben.

Mike fängt an zu recherchieren. Was war damals los im Internat? Er will seinen Bruder überreden, finanzielle Hilfe anzunehmen. Doch der möchte keine Hilfe. Nie wieder will er etwas mit der Kirche zu tun haben und schon gar kein Geld von ihr annehmen. Aber er braucht Geld, er braucht eine Therapie. Mike überlegt auch, ob ein Gespräch mit den Eltern sinnvoll ist, und er macht sich Vorwürfe. Hätte er nicht etwas merken müssen?

Selbstunsichere Kinder sind stärker gefährdet

Zwei Kinder, gleich alt, aus demselben Elternhaus, gleiche Erziehung, und trotzdem sind beide so unterschiedliche Persönlichkeiten. Wie kommt es, dass der eine, der sich streitet, sich mit Obrigkeiten anlegt, sich nichts gefallen lässt, verschont bleibt und der ruhigere, nicht so freche, mit sicherem Instinkt zum Opfer gemacht wird? Antworten auf diese Frage finden sich nicht leicht. Es gibt keine eindeutigen Wenn-dann-Konstruktionen, sondern es ist komplizierter, herauszufinden, warum es Helmut getroffen hat und nicht seinen Bruder Mike. Es gibt Erkenntnisse darüber, welche Lebensumstände eines Kindes häufiger im Zusammenhang mit sexuellem Missbrauch auftreten. Und die sind komplex miteinander verwoben: Anlagen, die die Kinder mitbringen, ihre Stellung in der Familie, in der Geschwisterreihe, Gewohnheiten, Verhaltensweisen, die Lebenssituation der Bezugspersonen, Erziehungsstile, Rollenverteilungen, Krankheiten, die Fähigkeit, seine Bedürfnisse zu äußern, und die Möglichkeit der Erwachsenen, sie zu hören und zu beantworten.

Ganz allgemein ist es so: Stark emotional und sozial »verkümmert« aufwachsene Kinder sind bedürftiger. Der Psychologe und Missbrauchsexperte Günther Deegener findet für dieses Lebensgefühl ein passendes Bild: »Sie fühlen sich in ihrem Lebensstrom untergehend, klammern sich an den nächsten vorbeischwimmenden Baumstamm und tun häufig alles, um nicht vom Baumstamm verlassen zu werden. In dieser Situation der subjektiv erlebten existenziellen Not sind diese Kinder natürlich leicht ausnutzbar und beeinflussbar, auch sexuell, auch durch Gleichaltrige; aber sie suchen nicht eigentlich die sexuelle Begegnung, sondern sozial-emotionale Geborgenheit.«[42]

Oder anders ausgedrückt: »Je mehr Defizite ein Kind in Bezug auf Sicherheit, Zuwendung, Anerkennung, Liebe und Wärme aufweist«, desto größer ist die Gefahr, dass es Opfer sexueller Ausbeutung wird.[43]

Täter haben ein sehr feines Gespür dafür, ob Kinder einsam sind und hungrig nach Bestätigung. Nach ihren Strategien, mögliche Opfer zu finden, befragt, äußern sie zum Beispiel: »Ich würde ein Kind herausfinden, welches nicht sehr viele Freunde hat, weil es dann für mich leichter ist, seine Freundschaft zu gewinnen. Ich guck nach einem Kind, das leicht zu manipulieren ist. Sie werden alles mitmachen, was du sagst. Ich würde mich ihnen sehr freundlich annähern, sie glauben machen, dass ich jemand bin, dem sie vertrauen können und mit dem sie sprechen können.«[44]

Es ist erwiesen, dass Opfer häufig aus unvollständigen Familien stammen, dass Kinder dann ein erhöhtes Risiko haben, Missbrauchsopfer zu werden, wenn sie zu Hause nicht ausreichend Zuwendung erfahren. Und dass umgekehrt Kinder am besten geschützt sind, wenn sie in »stabilen familiären Rahmenbedingungen aufwachsen« und dank einer »von Liebe und Geborgenheit geprägten Erziehung zu selbstbewussten und sozial kompetenten Persönlichkeiten heranreifen«.[45] Aber, so sind sich andere Forscher sicher, nicht nur emotional oder sozial vernachlässigte Kinder können Opfer werden. Täter gehen auch auf freundliche, offene Kinder zu. Sie setzen auf die Vertrauensseligkeit dieser Kinder gegenüber den Erwachsenen.[46]

Es gibt keine Garantie dafür, dass Kinder nicht Opfer von sexueller Gewalt werden, aber Eltern können trotzdem sehr viel tun und damit das Risiko verkleinern. Sie können ihrem Kind eine gute Basis geben. Gut informierte, selbstbewusste Kinder sind weniger gefährdet als unaufgeklärte und emotional unsichere.

»Fett für die Seele« …

… ist das Wichtigste, was man seinen Kindern mitgeben kann. Man merkt manchen Kindern an, dass sie ein Polster haben. Ein Polster, das sie befähigt, in sich zu ruhen. Woraus besteht dieses »Seelen-Fett«?

Astrid Lindgren schreibt:

> »Liebe kann man lernen. Und niemand lernt besser als Kinder. Wenn Kinder ohne Liebe aufwachsen, darf man sich nicht wundern, wenn sie selber lieblos werden.«[47]

Dass die Liebe, die Kinder bekommen, so besonders wichtig ist, klingt banal und ist doch so basal. Kinder brauchen die Liebe und die Zuwendung ihrer Eltern, und zwar ungeachtet ihres Verhaltens, ihrer Person, ihrer Eigenarten: geliebt zu werden, so wie man ist, mit seiner aufbrausenden Art, mit seiner Schüchternheit, mit weniger Geschick im Lösen der Matheaufgaben als die ältere Schwester. Kinder, die das Gefühl haben: »Eigentlich sollte ich anders sein, eigentlich hätten meine Eltern lieber, dass ich besser bin in der Schule, sportlicher, hübscher, weniger zickig«, diese Kinder fühlen sich oft »nicht richtig«. »Irgendetwas stimmt nicht an mir«, ist das Lebensgefühl, mit dem sie durch die Welt gehen, und das macht unsicher. Manche Kinder orientieren sich daran, was sie tun müssen, um Anerkennung zu bekommen. Andere fangen an, sich selbst nicht zu mögen, und verinnerlichen ein Gefühl von eigener Wertlosigkeit.

Kinder, die von ihren Eltern geliebt und angenommen werden, so wie sie sind, fühlen sich gut mit sich, haben ein »Basislager«, von dem aus sie in die Welt gehen können. Denn sie wissen: »Ich kann zurückkommen, wenn etwas schwierig ist, wenn ich mich zu weit vorgewagt habe, wenn ich überfordert bin oder mich bedroht fühle.«

> »Der Hauptreiz der Kindheit beruht darauf, dass alles, bis zu den Haustieren herab, freundlich und wohlwollend gegen die Kinder ist, denn daraus entspringt ein Gefühl der Sicherheit ...«[48]
> Friedrich Hebbel, 1813

Der Lyriker und Dramatiker Hebbel folgerte weiter, dass dieses Gefühl »bei dem ersten Schritt in die feindliche Welt hinaus entweicht und nie zurückkehrt«. Ich würde im Gegenteil behaupten, dass dieses Gefühl erhalten bleibt und Menschen es als Basis ihres

Selbstwertgefühls ihr Leben lang in sich tragen: »Ich bin wertvoll, mein Gefühl zählt, ich kann mich auf mein Gefühl verlassen.«

Der Körper bleibt nicht vor der Tür

Unser Körper ist das Medium, mit dem wir die Welt erfahren. Er ist immer dabei. Wie wir uns in unserem Körper fühlen, wie andere auf ihn reagieren, wie sicher wir mit ihm sind und vor allem wie selbstbestimmt, davon hängt ab, wie wir uns selbst wahrnehmen, mit welcher Selbstverständlichkeit wir mit uns umgehen und wie wir Beziehungen zu anderen gestalten können. Der Körper zeigt uns, ob wir Abstände zu anderen Menschen als angenehm oder unangenehm erleben, er führt uns durch die Welt. Wenn er diese Aufgabe in unserem Sinne wahrnehmen soll, braucht er die Erfahrung, dass der eigene Leib ein schützenswerter, dem Selbst zugehöriger, intimer Bereich ist. Das bedeutet, dass Erwachsene mit mir und meinem Körper respektvoll umgegangen sein müssen, als ich klein war. Sie müssen ein Gespür gehabt haben für meinen eigenen privaten, intimen Bereich, und zwar von Anfang an. Schon als Baby bleibt mir keine andere Chance, als zu vertrauen, dass ich in gute »Hände« gerate, dass meine Intimität respektiert wird. Geschieht dies nicht, überschreitet jemand schon früh meine Körpergrenzen, dann bin ich hilflos ausgeliefert. Wenn andere in meine intimen Zonen eindringen, ist die Folge ein Verlust von »Selbst- und Weltvertrauen«.[49]

Zuwendung und Respekt

Das bedeutet nicht nur, dass Erwachsene unbedingt die Grenzen der Kinder, auch schon im Babyalter, achten, sondern dass sie den Kindern Zuwendung und Aufmerksamkeit, Liebkosung und Nähe geben.

Auch ein Zuwenig an Zuwendung kann traumatisch wirken. Mehr noch: Unterstimulierung, das heißt, das konsequente Vermeiden körperlicher Berührungen, verbunden mit Nichtbeachtung, kann tödlich wirken. In Experimenten Friedrichs des Zweiten, der feststellen wollte, wie sich Sprache entwickelt, wurde das auf makabre Weise deutlich. Er machte mit Säuglingen einen grausamen Versuch, weil er die Ursprache erforschen wollte: Sie bekamen nur Nahrung, man sprach nicht mit ihnen und berührte sie nicht. Sie starben. Über den genauen Hergang des Experiments ist wenig bekannt. Er selbst schrieb dazu: »Sie vermochten nicht zu leben, ohne das Händepatschen und das fröhliche Gesichterschneiden und die Koseworte ihrer Ammen.«[50] Auch fehlende Wissensvermittlung über den eigenen Körper und über Sexualität »in Kombination mit sozialer Isolation bei gleichzeitiger Entwertung jeglicher Form von Sexualität kann zu Traumatisierungen führen«.[51]

Erwachsene, die ein feines Gespür für eine angemessene Nähe oder Distanz haben, sind für Kinder wichtig, damit sie sich ausprobieren und Sicherheit finden können. Die Kinder können dann herausfinden, wie sie auf andere wirken, wie Mannsein oder Frausein geht und was man tun kann, um in der Welt der Erwachsenen seinen Platz zu finden. Kinder brauchen die Erwachsenen als Spiegel. Sie wollen wissen: Wie bin ich? Wie möchte ich sein? Wie wirke ich? Diese Fragen müssen sie klären. Auch wenn Kinder ihre Attraktivität an Erwachsenen testen wollen, hat das mit einem realem Verführungswunsch nichts zu tun.

Das heißt, für Kinder ist es wichtig, dass Erwachsene sich angemessen zwischen den Polen Nähe und Distanz bewegen können. Natürlich sollen sie empathisch sein, wenn die Kinder leiden und Trost brauchen, aber sie sollen auch nicht unangemessen nah sein. Dieses Maß zu finden ist ein fortwährender Prozess. Mal brauchen Kinder mehr Zuwendung, mal mehr Abstand. Für Pädagogen und Eltern geht es darum, ein Gefühl für das richtige Maß an Nähe zu entwickeln.

Sexualerziehung von Anfang an

Kinder kommen voll ausgestattet auf die Welt. Dabei ist der Körper ihr Sensor, mit dem sie die Welt erfahren. Sie müssen ihn kennen, mit ihm umgehen lernen, sich in ihm »zu Hause« fühlen und seine Signale richtig deuten können. Dazu brauchen Kinder die Möglichkeit, sich und ihren Körper neugierig zu erforschen und selbstständig zu erfahren. Sie müssen die Möglichkeit haben, sich auszuprobieren. Gleichzeitig benötigen sie Erziehungspersonen, die wissen, dass Kinder Worte brauchen, Vertrauen und Respekt ihren Meinungen, aber auch ihrer Intimität gegenüber.

Im Rahmen unserer WDR-Aufklärungsserie »Herzfunk« arbeiten wir jeweils über ein Jahr mit einer Schulklasse zusammen. Diese Kinder sind dann unsere Experten und beantworten die Fragen anderer Kinder, die uns gemailt wurden.

Bei meinen Anfragen an Schulleiter, ob in ihrer Schule eine Klasse aus dem vierten Schuljahr teilnehmen möchte, gibt es ganz unterschiedliche Reaktionen. Manche Schulrektoren sind sehr aufgeschlossen und freuen sich für »ihre« Kinder, dass jemand mit ihnen Fragen zu den Themen »Liebe, Körper und Gefühl« bespricht. Andere sind eher zugeknöpft und sogar der Meinung: »Das ist bei uns noch kein Thema.« – Und das, obgleich seit mehr als dreißig Jahren Sexualerziehung im Lehrplan der Grundschulen fest verankert ist.

Manche Lehrer und Eltern nehmen nicht wahr, wo die Kinder in ihrer sexuellen Entwicklung stehen und was sie interessiert. Vielleicht auch, weil sie nicht zwischen kindlicher und erwachsener Sexualität unterscheiden.

> »Es ist interessant, dass die Eltern ihre Kinder ganz anders einschätzen und vielleicht auch lieber so klein und unschuldig halten wollen, und die Betreuer dieser Kinder haben ein ganz anderes Bild.«
> Sigrid Arabin-Möhrer, Kriminalhauptkommissarin

Die wichtigste Quelle für Informationen über Liebe und Sexualität ist aber die Familie. Wie fühlt sich die Liebe an? Das ist eine brennende und wichtige Frage für Kinder und Jugendliche. Liebe vermittelt sich auf sehr vielfältige Weise. Mit allen Sinnen spürt, sieht, hört, riecht, schmeckt ein Kind, was Liebe ist. Eltern tragen einen großen Teil dazu bei, wie ihr Kind Erfahrungen aufnimmt, einordnet und verarbeitet. Das geschieht zum Beispiel durch ein liebevolles und vertrauensvolles Klima, durch einen respektvollen Umgang miteinander, durch Offenheit für Themen, die die Kinder anbringen. Und durch die Einbettung des Themas Sexualität in den Alltag.

> »Heute gehe ich mit dem Thema Aufklärung natürlicher um. Es hat nicht mehr so eine herausragende Bedeutung, aber ich gehe auch nicht darüber hinweg. Es ist ein normaler Bestandteil der Erziehung."
> Jan B., 44 Jahre, zwei Kinder

Wie könnte das, was Jan B. beschreibt, konkret aussehen:

- Durch kindgerechte Erklärungen und Achtsamkeit. Was möchte mein Kind wissen? Durch eine Idee davon, wo das Kind steht.
- Durch das Reflektieren und Überdenken eigener Hemmungen seitens der Eltern.
- Durch den Respekt vor »Geheimgefühlen« und »Privatsachen« aller Familienmitglieder.

- Durch ein Sich-Bewusstmachen der eigenen Einstellung. Dadurch, dass Eltern sich über das Thema Sexualität und ihre eigenen Vorbehalte mit anderen Erwachsenen austauschen, um sich über ihre eigenen Einstellung klar zu werden und nicht unbewusste Vorbehalte auf die Kinder zu übertragen.

Einiges können wir unseren Kindern nicht erklären. Müssen wir auch nicht. Das wäre sogar ziemlich langweilig für die Kinder. Es bleiben noch viele Geheimnisse, die sie selbst entdecken. Eltern können lediglich gute Bedingungen schaffen und ihren Kindern Möglichkeiten geben, mit den Erfahrungen, die sie machen, umzugehen, sie einzuordnen und zu verarbeiten.

> »Ich kann meinem Kind nicht alle negativen Erfahrungen und Enttäuschungen ersparen, erst recht nicht in der Sexualität und in der Liebe.«
> Johannes R., 39, ein Kind

Die Sexualpädagogin Petra Milhoffer formuliert die Bedeutung von Sexualerziehung in der Schule. In der Familie gilt das ebenso:

> »Sexualerziehung soll das Selbstbewusstsein stärken, die Kinder befähigen, eigene Gefühle und die Gefühlsbotschaften anderer zu verstehen, sowie ihnen helfen, ein Gespür zu entwickeln, welche Kontakte und Situationen gemieden werden müssen.«[52]

5. Kindliche Sexualität ist anders – Sexualerziehung als Teil der gesamten Erziehung

»Sexualität ist die Nahtstelle zwischen Körper und Seele schlechthin. Sie ist zum einen ganz und gar körperliches Geschehen, zum anderen reichste und tiefste menschliche Möglichkeit, um der Seele Sprache und Ausdruck zu verleihen.« [53]
Ingrid Löbner, Sexualberaterin

Der entscheidende Unterschied zwischen kindlicher und erwachsener Sexualität

Es gibt ein großes Missverständnis. Meist differenzieren Erwachsene nicht zwischen kindlicher und erwachsener Sexualität. Wenn sie über Sexualität sprechen, dann haben sie in der Regel ihre erwachsene, genitale Sexualität im Kopf, ihre Gedanken, ihr Wissen und ihre Erfahrungen. Wenn sie dann an ihre Kinder denken, ist den allermeisten völlig klar, dass ihr Kind damit nichts zu tun hat. Das stimmt. Wenn über kindliche Sexualität gesprochen wird, geht es nicht um erwachsene genitale Sexualität. Kindliche Sexualität ist nicht zielgerichtet und es geht nicht um genitale Befriedigung. Sie ist autoerotisch, das heißt, sie dreht sich um den eigenen Körper und bezieht sich auf kein Sexualobjekt. Kindliche Sexualität hat mit neugierigem Forschen, mit ungerichtetem Genießen und mit Lust zu tun.

Eltern, die ihr Kind aufmerksam beobachten, wissen, wie ein Baby es genießt, am Bauch gekrault oder an den Füßen massiert zu werden. Wie genüsslich das Baby beim Nuckeln an der Brust der Mutter einschläft, wie gut es ihm dabei geht. Sie können feststellen, dass Kinder Lust empfinden: dass kleine Mädchen sich gerne am Kitzler streicheln, dass der Penis selbst des kleinen Jungen schon steif werden kann, dass Nuckeln, Schmusen, Lullen für Babys zu den schönsten Beschäftigungen der Welt gehören. Das würden sie nur nicht »Sexualität« nennen. Unter kindlicher Sexualität versteht man ein sinnliches »In-der-Welt-Sein« des Kindes. Das Empfinden von Lust- und Wohlgefühl, das sie beim Nuckeln und Gestreichelt-Werden erleben, ist der Ansporn, sich diese schönen Gefühle wieder und wieder selbst zu verschaffen. Und das von Geburt an.

Der Körper spielt eine entscheidende Rolle im Erfahren der Welt. Wenn Kinder geboren werden, sind Hautberührungen ein zentrales Medium für die Welterfahrung und sie bedürfen eines Austausches mit anderen. Wie Kinder diese frühen Berührungen erleben, ist prägend für ihre spätere Sicherheit im Umgang mit sich selbst.[54]

Auf dem Weg zum Erwachsenwerden macht das Kind im guten Fall positive Erfahrungen mit seinem Körper und freundet sich mit ihm an. Es bekommt ein gutes und sicheres Gefühl, mit ihm und in ihm zu leben.

Wie es zu diesem Missverständnis über kindliche Sexualität kommt

Sigmund Freud, der Begründer der Psychoanalyse, hat es schon zu Beginn des 19. Jahrhunderts gesagt: Das Kind ist vom Tag seiner Geburt an ein sexuelles Wesen. »Polymorph pervers« hat er es genannt. Mit dieser Aussage ist er vor allem auf Abscheu und Widerstand gestoßen.

Freud hat die Reaktionen auf seine Behauptung vorausgesehen und er war sich dessen bewusst, dass vor allem die Mütter auf seine Erkenntnisse mit Abwehr reagieren. Die Psychoanalytikerin Christiane Olivier schreibt dazu: »Der Verkehr des Kindes mit seiner Pflegeperson ist für dasselbe eine unaufhörlich fließende Quelle sexueller Erregung und Befriedigung von erogenen Zonen ... Die Mutter würde wahrscheinlich erschrecken, wenn man sie darüber aufklärte, daß sie mit all ihren Zärtlichkeiten den Sexualtrieb ihres Kindes weckt und dessen spätere Intensität vorbereitet ... Sie erfüllt nur ihre Aufgabe, wenn sie das Kind lieben lehrt: Es soll ja ein tüchtiger Mensch mit energischem Sexualbedürfnis werden ...«[55]

Mütter und Väter sind deshalb erschreckt, weil hier die Übersetzungsarbeit fehlt. Die Beschreibung der kindlichen Sexualität klingt in der psychoanalytischen Theorie nicht nur wohlig und weich, sondern auch erotisch und sexualisiert. Und mit Erotik und Sex verbinden die meisten Eltern ihre erwachsenen Kenntnisse und Erfahrungen von Genitalität. Sie machen sich nicht klar, dass es um kindliche Wünsche nach Zärtlichkeit und kindlichen Forscherdrang geht, wenn die Kinder sich selbst zärtlich am Penis oder der Klitoris streicheln oder wenn sie den Körper anderer Kinder erforschen möchten.

Manche Erwachsene sind beim Thema Sexualität so unsicher, dass sie sich gar nicht trauen, genauer hinzuschauen, worum es

ihrem Kind eigentlich geht. Und diese Abwehr hält sich hartnäckig.

Die sexuelle Entwicklung des Kindes

Die sexuelle Entwicklung des Kindes können Eltern an seiner Beschäftigung mit seinem Körper und dessen Funktionen beobachten. Sigmund Freud hat in den »Drei Abhandlungen zur Sexualtheorie« eine Phaseneinteilung vorgenommen:[56]

1. Lebensjahr: Die orale Phase

Os heißt Mund. In dieser Phase ist der Mund das zentrale Organ der kindlichen Lust. Der Säugling nuckelt und saugt an der Brust zunächst aus zwei Gründen: um Nahrung aufzunehmen und weil es lustvoll und beruhigend ist. Es liebt es, an der Mutterbrust zu saugen und ebenso an Schnullern, Fingern und Tüchern – auch unabhängig von der Nahrungsaufnahme. Etwa ab dem vierten Monat lässt das begierige Lutschen etwas nach. Wenn das Kind müde ist, wird es weiterhin Finger oder Schnuller in den Mund stecken. Wenn es wach ist, entdeckt es jetzt den ganzen Körper als Lustquelle. Es macht ihm Spaß, mit ihm spielen, ihn zu erforschen. Dabei entdeckt es die Geschlechtsorgane als besonders lustvolle Zonen. Das hat in diesem Alter noch nichts mit Selbstbefriedigung zu tun. Ein Einjähriger ist nicht fähig, so gezielte und geordnete Bewegungen auszuführen, die ihn bis zum Orgasmus reizen könnten.

2. Lebensjahr: Die anale Phase

Anus heißt After oder Darmausgang. Das Kind lernt nach und nach, seinen Schließmuskel zu beherrschen. Es wird zum lustvollen Spiel wechselweise Kot und Urin festgehalten und losgelassen. Das Kind verschafft sich damit selber ein schönes Gefühl.

Für manche Eltern ist es – je nach eigener Erziehung – keine leichte Phase. Sie haben das dringende Bedürfnis, sich entschieden von Ausscheidungen aller Art zu distanzieren. Das übertragen sie auf die Kinder. So stellen sie bei jeder Gelegenheit ein »Klöchen« auf und ermuntern ihr Kind: »Drück doch mal.« Manchmal, nach dem Essen vielleicht, sind solche Bemühungen sogar von Erfolg gekrönt. Der oder die Zweijährige ist unglaublich stolz ob der vollbrachten Leistung. Und was machen die Eltern? Das Kind wird kurz gelobt, und, »Hast-du-nicht-gesehen«, verschwindet das Produkt der ganzen Anstrengung auf Nimmerwiedersehen in der Toilette.

Eine Freundin erzählte, dass sie als Kind, wenn »nichts kam«, von ihrer Mutter mit einem kalten Waschlappen ins Gesicht geschlagen wurde. Das sollte wohl irgendwie anregend wirken. Es wirkte – wen wundert's ? – aber nur ängstigend.

Hier kann nur klar gesagt werden: Den Stolz auf die neu erworbene Fähigkeit des Kindes, seinen Kot zurückzuhalten oder abzugeben, sollten Eltern nicht durch »Iiih-Pfui-Bah«- Äußerungen schmälern. Das ist für manche Eltern nicht einfach, besonders wenn sie selbst genauso erzogen wurden. Äußerungen wie: »Du stinkst, geh weg«, verunsichern das stolze Kind. Auch wenn Kot nicht im Gesicht oder auf dem Wohnzimmertisch landen muss, der Spaß am Spielen mit Dreck und der Stolz auf das »Häufchen« sind jedoch ganz normal. Es geht dabei um Selbstbestimmung. Das Kind möchte selbst über seine Körperausscheidungen befinden, es möchte ausprobieren, wie es sich anfühlt, eine ganz volle Blase zu haben, den Kot abzugeben oder ihn zurückzuhalten. Und für einen zukünftigen selbstbestimmten Umgang mit dem eigenen Körper ist es wichtig, dass Kinder lernen, dass sie allein über ihre Ausscheidungen entscheiden und niemand sonst. Bieten Sie Ihrem Kind deshalb Möglichkeiten an, den Drang zum

Matschen auszuleben. Mit Schlamm, Sand und Wasser lässt es sich auch sehr gut spielen.

Vor allem sollten Sie darauf achten, Ihrem Kind keinen Ekel vor Ausscheidungen einzuimpfen. Ekel vor den Körperausscheidungen kann sich im Erwachsenenalter in einem Ekel vor der Vaginalflüssigkeit oder der Samenflüssigkeit fortsetzen und einen selbstverständlichen Umgang mit Sexualität sehr erschweren.

Es ist wichtig, dass Eltern sich klarmachen: Der »Wettbewerb« um das frühe Saubersein schadet ihrem Kind nur. Die Darmmuskeln sind im Durchschnitt erst ab dem dritten Lebensjahr kontrollierbar. Bei der Blase dauert das Ganze noch länger. Ein Vorschulkind, dass noch ab und zu ins Bett macht, ist nicht gleich krank und es sollte ihm nicht zum Vorwurf gemacht werden.

3. bis 6. Lebensjahr: Die genitale Phase

Genital heißt: die Geschlechtsorgane betreffend. Kinder empfinden Lust daran, ihren Penis oder ihre Klitoris zu berühren, zu streicheln, und zwar zielgerichteter, als das bisher der Fall war. Kinder nehmen jetzt ganz klar Geschlechtsunterschiede wahr. Mädchen stellen fest, dass sie das gleiche Geschlecht wie die Mutter oder die Schwester haben, Jungs realisieren, dass sie ebenso wie der Vater einen Penis und Hoden haben. Kinder entwickeln in dieser Zeit eine ganz normale Neugier, ihren eigenen und den andersgeschlechtlichen Körper zu erforschen.

Die Freud´sche Einteilung ist für die meisten Sexualwissenschaftler heute noch gültig oder wurde von ihnen weiterentwickelt. Der Psychoanalytiker Erik H. Erikson hat der individuellen Erklärung Freuds eine soziologische zur Seite gestellt. Das heißt: Die Entwicklung kindlicher Sexualität wird beeinflusst von historischen, gesellschaftlichen, sozialen und kulturellen Umständen. Es ist nicht gleichgültig, ob Kinder »heute, vor fünfzig Jahren, im Mittelalter oder zur Zeit der Römer aufwachsen beziehungsweise aufgewachsen sind. Ob sie in Deutschland oder in einer Stammeskultur am Amazonas sexuell sozialisiert werden. Ob sie in einer Familie leben, in der der Umgang mit Körperlichkeit und Sexualität selbstverständlich ist, oder in einer solchen, in der diese Bereiche tabuisiert sind.«[57]

Forschen und Erkunden – was bedeuten Doktorspiele?

Neugierige Kinder interessieren sich in der dritten, der genitalen Phase dafür, wie andere Kinder aussehen, sie wollen ihren Körper und den des anderen Geschlechts kennenlernen. Das ist für Eltern und Erzieher manchmal nicht so einfach.

Eine Mutter von zwei Kindern erzählt, was sich trotz heutiger »lockerer« Einstellung in manchen elterlichen Köpfen abspielt:

Jan ist zu Besuch. Er ist drei Monate älter als meine Tochter Johanna, also gut viereinhalb. Jan, Johanna und ihr zweijähriger Bruder Fritz spielen im Garten, dann im Wohnzimmer und dann verziehen sie sich freiwillig immer mehr Richtung Kinderzimmer. Mir soll es recht sein. Längere Zeit höre ich nichts. Fritz kommt ab und zu bei mir in der Küche vorbei. Die Geräusche aus dem Kinderzimmer nehmen langsam ab. Irgendwann geht die Kinderzimmertür von innen zu. Dann ist Ruhe. »Ach, ist das schön, dass die Kinder mal fünf Minuten ohne Geschrei spielen können ...«, denke ich mir. Weitere fünf Minuten vergehen, immer noch kein Geräusch. Das ist selten. Irgendwie macht mich die Ruhe unruhig. Ich überlege, was sie wohl anstellen könnten. Ich stehe auf und gehe mal nachschauen. »Du sollst nicht reinkommen«, höre ich Johanna rufen. Ich sehe gerade noch, wie meine Tochter und ihr Freund sich in Johannas Bett zu schaffen machen. Johanna liegt, Kleid hoch und Unterhose runter, auf dem Bett. Jan hat auch seine Hose ausgezogen und »untersucht«

meine Tochter. »Was macht ihr?«, frage ich etwas verunsichert, spürend, dass ich hier nicht erwünscht bin. »Du sollst rausgehen«, sagt Johanna – und etwas verlegen. »Wir spielen Doktor.«

Während ich den Rückzug antrete, ermahne ich die Kinder noch: »Aber nichts in die Scheide oder in den Po stecken.« Eigentlich halte ich mich ja für liberal und habe mir vorgenommen, »ganz normal« mit Nacktheit und Körperlichkeit umzugehen. Ich weiß auch, dass man in der Sexualerziehung einige Fehler machen kann, das will ich natürlich auf keinen Fall. Unsere Kinder sollen so wenig verklemmt wie möglich aufwachsen. Aber irgendwie kann ich mich nicht dagegen wehren, dass ich das Untersuchen der Geschlechtsteile anders empfinde, als wenn sie jetzt mit Duplosteinen spielen würden. Und auch die Kinder empfinden es so, dass es etwas anderes ist, sonst würden sie ja nicht die Tür zumachen und sagen: »Du sollst rausgehen.« Ich mache die Tür zu, weil ich mit dem Verstand weiß: »Das ist ja ›normal‹, dass die sich gegenseitig untersuchen.« Eine kleine Spezial-Aufpass-Antenne in meinem Hirn fahre ich trotzdem aus.

Gott sei Dank lockert der kleine Fritz die Szene durch sein Rein- und Rausrennen und Mitspielenwollen etwas auf. Als die »Patientin« und der »Arzt« in der Küche auftauchen, bin ich, ehrlich gesagt, wieder etwas entspannter.

Abends im Badezimmer erklärt Johanna mir beim Zähneputzen: »Mama, ich möchte nochmal den Jan besuchen und mit ihm Penis und Scheide spielen. Weil: Mit dem Fritz geht das nicht so gut, der ist noch zu klein.« – »Wieso ist der noch zu klein?«, frage ich interessiert. »Ja, da muss ich immer untersuchen, weil der kann das noch nicht richtig, der piekt immer so. Und ich möchte dann auch mal untersucht werden, aber da muss die Tür zu sein.« Klar ist das normal, aber auch irgendwie anders.

Eva K., 39 Jahre, zwei Kinder[58]

Erzieherinnen und Eltern erleben manchmal folgende Situationen:

- Die vierjährige Melina und der sechsjährige Jan gehen häufiger zusammen auf die Toilette. Dort ziehen sie sich die Hose aus und zeigen sich gegenseitig, wie verschieden sie aussehen.
- In der Kuschelecke liegen zwei Kinder aufeinander und bewegen sich dabei auf und ab. Die anderen Kinder schauen zu.
- Der vierjährige Paul beschimpft den Erzieher mit »Wichser« und lacht sich kaputt.
- Die fünfjährige Mara hat ein Kuscheltier zwischen die Beine geklemmt und reibt ihre Genitalien mit Genuss daran hin und her.
- Der Dreijährige Tom legt sich in der Sammelkabine nach dem Schwimmen auf die Bank und freut sich an seinem steifen Penis.

Was ist normal?

Es ist ganz normal, wenn Eltern und Erzieher unsicher sind, wenn Dreijährige sich am Kitzler streicheln oder Fünfjährige sich gegenseitig ihren Körper erklären und anfassen.

Es ist aber auch normal, wenn Kindergartenkinder sich auf Körpererforschungstour begeben, alleine oder gemeinsam. Kinder spielen nach, was sie bei Erwachsenen erleben. Sie machen Rollenspiele, Vater-Mutter-Kind- und Doktorspiele mit den dazugehörenden Tätigkeiten wie Fiebermessen, Spritzen, Abtasten. In Rollenspielen können sie vieles ausprobieren und ihre Körper erkunden. Und das können sie unbefangener tun, wenn sie merken, dass Erwachsene es nicht fehldeuten und nicht tabuisieren, sondern als wichtigen Teil von Körpererfahrung und Umgang mit der Welt einstufen.

Für die Entwicklung des Kindes ist es förderlich, dass es seinen eigenen Körper untersuchen, dass es seinem Forscherdrang nachkommen und Spaß haben kann, sich selbst zu erregen.

Eltern und Erzieher finden es manchmal nicht leicht zwischen normalem Körpererkunden und beunruhigendem, vielleicht übergriffigem oder »nicht normalem« Verhalten zu unterscheiden. Sie wollen einerseits die Kinder in ihrer Entwicklung und ihrem Forscherdrang nicht blockieren, andererseits sie aber auch vor Erfahrungen schützen, die die Kinder als unachtsam oder übergriffig empfinden könnten.

Entscheidend für unbedenkliche Doktorspiele sind folgende Aspekte:

- Es sollte kein Machtgefälle zwischen den spielenden Kindern bestehen. Wenn es einen größeren Altersunterschied zwischen den Kindern gibt, wenn etwa ein Neunjähriger mit einem Vierährigen Doktor spielt, so ist der Neunjährige weiter in seiner Entwicklung und automatisch mächtiger als der Vierjährige. Ein Machtgefälle kann auch durch Statusunterschiede in der Gruppe oder bei unterschiedlichen intellektuellen Fähigkeiten oder bei unterschiedlichem sozialen Status der Herkunftsfamilie entstehen. Für Erzieherinnen ist das oft nicht leicht zu beurteilen. Fingerspitzengefühl und die Kenntnis der Gruppenstruktur sind bei der Einschätzung einer Situation hilfreich.[59]
- Wichtig ist, dass Eltern und Erzieher den Kindern Regeln über den respektvollen Umgang mit anderen vermitteln: »Niemand darf etwas tun, das der oder die andere nicht möchte.« Oder: »Dein Körper gehört dir und niemand darf dich an intimen Stellen berühren ohne deine Erlaubnis. Intime Berührungen benötigen einen privaten und geschützten Raum.«

Sexualität ist umfassend

> »Sexualität ist ein menschliches Bedürfnis. Sie äußert sich in dem Wunsch nach körperlich-seelischer Lust, Wohlbefinden und Zärtlichkeit und zielt auf Erregung und Befriedigung ab ... Sexualität realisiert sich im Streicheln, Liebkosen und Küssen, ebenso wie in allen denkbaren ›Stellungen‹ und Sexualpraktiken; sie beinhaltet die Möglichkeit der Selbstbefriedigung sowie sexuelle Erfahrungen mit Menschen des eigenen und/oder anderen Geschlechts. Homo, Hetero- und Bisexualität sind gleichberechtigte Lebensformen. Sexualität steht in Verbindung mit Phantasien und Gefühlen. Sie kann Wärme, Lust, Geborgenheit, Spannung, Sinnlichkeit, Nähe und Harmonie vermitteln – aber auch Enttäuschung, Angst, Zweifel, Zwiespalt, Wut, Langeweile und Aggression.«[60]

Betrachtet man diese Definition von Sexualität, so wird klar: Sexualität gehört zum alltäglichen Leben dazu. Sie ist ein Bestandteil, der mal mehr, mal weniger im Vordergrund steht.

In der frühen Kindheit sind körperliche Nähe, schmusen, kuscheln, zärtlich sein von zentraler Bedeutung. Später interessiert sich das Kind mehr und mehr für den eigenen Körper und den Körper anderer. In der Pubertät tritt dann die genitale Sexualität in den Vordergrund. Es geht um Selbstbefriedigung und »miteinander schlafen«. Bei positiver Erfahrung wächst in der Regel im Erwachsenenalter die Lust an der genitalen Sexualität. Später vielleicht macht sie wieder einem größeren Bedürfnis nach Liebe und Zärtlichkeit Platz.

Sexualerziehung als Teil des Alltags

In den Schulgesetzen ist Sexualerziehung seit mehr als dreißig Jahren als Bestandteil des Lehrstoffes fest verankert. Im Schulordnungsgesetz des Landes Nordrhein-Westfalen, §1, Abs. 5, klingt das so:

> »Die Sexualerziehung gehört zum Erziehungsauftrag der Schule. Sie erfolgt fächerübergreifend und ergänzt die Sexualerziehung durch die Eltern. Ihr Ziel ist es, die Schüler altersgemäß mit den biologischen, ethischen, sozialen und kulturellen Fragen der Sexualität vertraut zu machen. Sie soll die Schüler zu verantwortungsbewussten, eigenverantwortlichen und sittlich begründeten Entscheidungen und Verhaltensweisen sowie zur gleichberechtigten Partnerschaft, insbesondere in Ehe und Familie, und zur Toleranz gegenüber anderen Lebensweisen befähigen. Die Erziehungsberechtigten sind über Ziel, Inhalt und Methoden der Sexualerziehung rechtzeitig zu unterrichten.«

Sexualaufklärung ist ein Teil der gesamten Erziehung. Sie ist ein Prozess, eine Haltung – in der Schule und zu Hause. Manchmal sind Eltern zwischen »Pizza und Ofen« gefordert:

Die siebenjährige Lea kommt in die Küche, während ihre Mutter gerade dabei ist, das Pizzablech in den Ofen zu schieben. Sie hat eine Frage: »Mama, dieses Ding, das man benutzt, damit man keine Kinder bekommt, hast du das damals, nachdem Luis und ich geboren waren, dem Papa über den Pimmel gezogen oder hat der Papa das selber gemacht?« Das Pizzablech wackelt bedrohlich und die Mutter, sonst recht wortgewandt, wird verlegen. Über den Sinn und Zweck eines Kondoms waren die Kinder vor etwa zwei Jahren unterrichtet worden, nachdem sie mal ein Kondom auf dem elterlichen Nachttisch hatten liegen sehen. »Ich mache das meistens«, kommt die zögerliche Antwort. Lea ist mit dieser Antwort erst mal zufrieden.

Was möchte das Mädchen wissen? Über die technische Funktion von Kondomen weiß sie ja schon Bescheid. Sie interessiert sich für die Gefühle, die mit Sexualität verbunden sind, und für die Rolle, die Frauen gegebenenfalls dabei spielen. Sie möchte wissen, welche Möglichkeiten oder Pflichten erwarten mich später einmal im Umgang mit der Verhütung? Muss oder kann ich da auch Einfluss nehmen? Wie geht Liebe?

Wenn man Sexualerziehung als Sozialerziehung versteht, so geht es um das Kind als »ganzen Menschen«. Die Stärkung der Persönlichkeit des Kindes soll im Vordergrund stehen. Zärtlichkeit und Fairness sind dabei zentrale Begriffe. Aufklärung beschränkt sich nicht auf rein technische Erklärungen über die Funktionen der Geschlechtsorgane. Sexualerziehung bedeutet Weitergabe von Rollenbildern, von Haltungen zu Körper und Gefühl, Vermittlung von Selbstwertgefühl. Und das findet auf mehreren Ebenen statt. Ein Vater und eine Mutter beschreiben ihre Erlebnisse folgendermaßen:

> »Wenn ich mit meinem Sohn bade, fasst er gelegentlich meinen Penis an. Aber das Interesse daran dauert lediglich zwei Sekunden. Dann wendet er sich wieder seinem Entchen zu. Für mich ist es so: Noch nie in meinem Leben war ich einem anderen männlichen Wesen so vorbehaltlos nah. Das ist quasi homoerotisch, ohne dass es sexuell ist oder mit Erregung zu tun hat. Es ist eine gefühlsmäßige Verbundenheit. Ich glaube, das ist eine wichtige Basis für alles andere. Das ist es, das für mich die Sexualerziehung oder Geschlechtserziehung ausmacht.
> Martin S., 43 Jahre, Vater eines einjährigen Sohnes

> »Bei uns gab es nicht das ›Aufklärungsgespräch‹. Wir hörten die Gespräche der Erwachsenen untereinander und wir rede-

ten mit den Geschwistern. Wir waren sehr oft in großer Runde mit Onkel, Tanten, Nachbarn, Halbgeschwistern zusammen. Keiner von uns Kindern fragte etwas, aber wir kriegten alles mit. Wir machen das heute zu Hause auch so: Wir besprechen ein Thema wie Liebe oder erste Menstruation in großem Kreis, so bekommen die Kinder mehrere Meinungen mit und man hat als Mutter nicht den Stress, allein alles richtig erklären zu müssen.«
Shahin, 37 Jahre, zwei Kinder

6. Sexualität ist ein persönliches Thema

»Kinder kann man nicht erziehen. Sie machen einem eh' alles nach.«
Karl Valentin, Komiker

Unsere Haltung wirkt auf die Kinder

Schauspielern ist zwecklos. Manchmal möchten Eltern ihren Kindern nicht die Wahrheit sagen. »Dafür sind sie noch zu klein« oder: »Das macht nur Angst« sind die Argumente. Sie denken, dass sie ihre Kinder durch das Vorenthalten von unangenehmen, komplizierten, schrecklichen Wahrheiten vor Dingen beschützen können, die sie noch nicht verstehen. Oder sie wollen – manchmal unbewusst – sich selber schonen und Auseinandersetzungen aus dem Weg gehen. Vergessen Sie diese Hoffnung. Auch wenn es nicht ausgesprochen wird, die Kinder spüren Ihre Haltung, sie spüren, dass sie etwas vorgespielt bekommen und das hat eine Wirkung. In erster Linie kommt nicht das an, was wir den Kindern erzählen, sondern das, was wir ihnen vormachen. Die Nachricht, die wir durch unser Handeln und unsere Haltung vermitteln, findet ihren Weg sozusagen am Gehirn vorbei direkt unter die Haut. Eltern sind Modelle. Das hat die Kindheitsforscherin Alice Miller eindrücklich beschrieben:

»Wenn man ein Kind erzieht, lernt es erziehen. Wenn man einem Kind Moral predigt, lernt es Moral predigen, wenn man es warnt, lernt es warnen, wenn man mit ihm schimpft, lernt es schimpfen, wenn man es auslacht, lernt es auslachen, wenn man es demütigt, lernt es demütigen, wenn man seine Seele tötet, lernt es töten. Es hat dann nur die Wahl, ob sich selbst oder die anderen oder beides.«[61]

Bezogen auf die Aufklärung heißt das: Wenn Eltern sagen: »Sex ist etwas Tolles«, und gleichzeitig durch ihre Haltung vermitteln, dass sie selbst nur widerwillig oder aus Langeweile oder um den Partner bei Laune zu halten mit diesem ins Bett gehen, dann wird ihnen von den Kindern die Langeweile oder der Widerwille abgekauft. Alles andere enttarnen Kinder schnell als Lippenbekenntnis. Verhalten, Gesten, Stimmungen, die ein Kind zu Hause erlebt, prägen sein Bild von der Welt. Es beobachtet sehr genau: Wie leben meine Mutter und mein Vater als Frau, als Mann, als Paar? Wie reden sie mit uns Kindern, wie mit anderen? Worüber darf in den unterschiedlichen Situationen gesprochen werden? Welche Themen werden ignoriert oder mit vernichtenden Blicken quittiert? Was wird erlaubt, was verboten? Wie lieben sie sich als Paar und mich als Kind?

Bei der Frage: Wie war die Atmosphäre zu Hause in Bezug auf Liebe und Aufklärung?, fallen Erwachsenen meist Situationen ein, die – scheinbar weit weg von »Aufklärung« – nachhaltig auf ihr Verständnis von Körperlichkeit, Liebe und Sexualität wirken. Selbst wenn in der Familie nicht über Sex geredet wurde, hat sich die Haltung der Eltern transportiert:

Es war mir immer peinlich, dass meine Eltern Sex machen. Ich habe meiner Mutter auch angemerkt, dass ihr das unangenehm war. Es war für sie schwer, Fragen nach Sexualität zu

beantworten. Als ich sie fragte: »Wie kommt eigentlich der Samen an die Eizelle?«, bemerkte ich deutlich ihre Unsicherheit.
Sabine L., 42 Jahre, zwei Kinder

Für meine Eltern war Sexualität tabuisiert, sie diente ihrer religiösen Einstellung nach der reinen Fortpflanzung. Alles darüber hinaus war ›baba‹, unanständig und nicht existent. Dadurch, dass es im Prinzip keine Aufklärung gab, war Sexualität für mich lange sehr angstbesetzt.
Ben O., 41 Jahre, zwei Kinder

Meine Mutter wollte nicht, dass wir in der Badewanne Doktorspiele machen. Das hat sie zwar nicht gesagt, aber ich habe es gemerkt. Ich hab das gespürt, dass wir das nicht sollten. Man spürt ja als Kind, wann man funktioniert und wann nicht, wann die Eltern zufrieden sind mit einem und wann die Eltern eher peinlich berührt sind.
Sabine L., 42 Jahre, zwei Kinder

Was schauen sich Kinder bei ihren Eltern ab?

»Dass körperliche Liebe etwas Schönes sein kann, wurde mir, wenn überhaupt, eher von meinem Vater vermittelt. Aber ich spürte auch, dass es für ihn eine andere Bedeutung hatte als für meine Mutter. Bei ihr hatte ich immer den Eindruck, sie lebte mit meinem Vater nach dem Motto: ›Man macht das eben.‹ Dieses Gefühl hatte ich lange Zeit auch in mir. Ich war schon dreißig, als ich erfahren habe, dass Sexualität schön sein kann.«
Eva K., 39 Jahre, zwei Kinder

»Zärtlichkeiten wurden bei uns keine ausgetauscht. Meine Eltern haben sich, in Anwesenheit der Kinder, nicht geküsst. Das erste und bis heute einzige Mal, dass ich gesehen habe, dass

> meine Eltern sich geküsst haben, war auf deren Silberhochzeit.«
> Franz E., 41 Jahre, zwei Kinder

> »Ich habe meine Eltern nie nackt gesehen. Die haben nicht geschmust, die haben sich auch nicht geküsst. Die sind auch nicht Hand in Hand gegangen. Die hatten keine gute Ehe.
> Johann A., 43 Jahre, ein Kind

Eltern sind für kleine Kinder das erste Modell eines Paares. Quasi wie König und Königin. Die kleinen Prinzen und Prinzessinnen schauen auf das Königspaar und lernen von ihm, wie Paar-Sein geht. Sie sehen, ob sie sich lieben und diese Liebe in der Öffentlichkeit zeigen oder ob sie sich nur hinter verschlossenen Türen küssen, wenn niemand Fremdes dabei ist. Aber die Kinder bilden sich natürlich ihre Phantasien darüber. Kinder spüren, ob sich die Eltern als Person achten, ob sie respektvoll oder verletzend und abwertend miteinander umgehen. Sie verinnerlichen, ob die Eltern sich ständig streiten und sich in wichtigen Lebenslagen gegenseitig auflaufen lassen? Sie sehen, ob ein Geschlecht grundsätzlich weniger gilt als das andere. Sie registrieren, ob sich die Erwachsenen im Alltag unterstützen und achten, ob es Lust und Leidenschaft zwischen den beiden gibt und ob sie ein partnerschaftliches Verhältnis haben und gemeinsam das Imperium »regieren«.

Und es hinterlässt Spuren, wenn möglicherweise das ganze Königreich in die Luft fliegt und die verfeindeten Parteien sich nur noch über Anwälte bekriegen. Die Vorbildfunktion der Eltern für die Kinder ist gar nicht hoch genug einzuschätzen. Das gilt für zusammen wie für getrennt lebende Paare gleichermaßen.

Eltern können noch so liebevoll zu ihren Kindern sein, wenn sie den Partner oder die Partnerin abwerten, verachten oder vor den Kindern schlechtmachen, bringen sie gleichzeitig die Kinder in Konflikte, die ja beide Eltern lieben. Für ihr Selbstverständnis ist es wichtig, dass sie sich mit beiden Eltern positiv identifizieren können.

An der Beziehung, die die Eltern untereinander haben, erfährt ein Kind, dass seine Beziehung zur Mutter, an die es in der Regel zunächst eng gebunden ist, nur eine mögliche Beziehungsform ist. Es kann noch andere geben.

Ein Kind, das Sticheleien, herabwürdigende Bemerkungen und Gemeinheiten zwischen den Eltern erlebt, gerät in einen Zwiespalt über den Wert seiner eigenen Person und der des Herabgewürdigten. Ein Junge, der erfährt, dass sein Vater seine Mutter verachtet, nimmt diese Verachtung des Vaters in sich auf. Gleichzeitig ist er in einem Konflikt, wenn er seine Mutter heiß und innig liebt. Denn so liebt er etwas, das ja verachtungswürdig zu sein scheint. Für die Identifikation mit dem Vater muss er seinerseits auch die Mutter abwerten. So lernt er im Umgang mit Frauen vor allem die Mittel der Aggression. Wie er anders einen sicheren Stand in Beziehungen haben kann, lernt er nicht. Woher soll er es später können?

Umgekehrt gilt es genauso: Wie soll ein Junge sich mit dem Vater identifizieren, wenn dieser durch die Mutter ständig abgewertet wird? Unter solchen Umständen erscheint der Vater nicht als liebenswert. Da er aber nicht mit dem Vater brechen kann, identifiziert er sich mit einem wenig begehrenswerten Mann. Was bedeutet das für seine eigene Entwicklung? Mit welchem Selbstwertgefühl wird er sexuelle Beziehungen eingehen?

Für Mädchen gilt genau dasselbe. Egal wie die Konstellation aussieht. Ob nun der Vater oder die Mutter abgewertet wird, das Ergebnis wird ein schwaches Selbstwertgefühl sein und Beziehungen, in denen Herabwürdigungen vorkommen, werden als normal empfunden. Schnack und Neutzling betonen in diesem Zusammenhang, dass es dabei nicht um »Launen« oder »momentane Befindlichkeiten« geht, sondern dass die grundsätzliche Haltung der Eltern, die »durchschnittliche Temperatur« der Beziehung ausschlaggebend ist.[62]

> »Ich habe das Bemühen meiner Eltern miterlebt, etwas anders zu machen als viele ihrer Generation. Sie wollten uns Sex als etwas Schönes vermitteln. Sie haben uns sachlich aufgeklärt und wir haben meine Eltern auch als Liebespaar erlebt. Wir wussten, dass sie eine Sexualität hatten. Wenn wir z. B. sonntags in ihrem Bett lagen, haben sie uns signalisiert: Ihr dürft jetzt ruhig mal weggehen. Sie haben sich geküsst. Mein Vater hat meine Mutter von hinten umarmt und ihr den Busen gestreichelt.«
> Johann L., 43 Jahre, zwei Kinder

> »Meine Eltern hatten einen liebevollen Umgang im Alltag miteinander. Manchmal wanderten sie Hand in Hand oder Arm in Arm. Sie küssten sich vor uns und sagten sich Koseworte. Wir hatten nicht das Gefühl, dass abends im Schlafzimmer Zank und Streit herrschten.«
> Clara L., 42 Jahre, zwei Kinder

Welche Familienregeln gelten?

> »Die positiven und negativen Reaktionen der Mutter oder des Vaters auf Berührungen und Körpererfahrungen bekommen Kinder unbewusst mit. Genauso registrieren sie, wie Eltern sich verhalten, wenn sie beim Wickeln und Säubern die Geschlechtsorgane berühren. Unbewusst nehmen Kinder die Einstellungen der Bezugspersonen wahr und werden dadurch auch in ihrer Sexualität beeinflusst.«[63]
> Christa Wanzeck-Sielert

In jeder Familie gibt es, ausgesprochen oder nicht, bestimmte Verhaltensregeln. Ein Kind spürt sie und nimmt sie automatisch in sich auf. Unbewusst verinnerlicht es die Bewertungen und Moralvorstellungen der Eltern:

> »Meine Eltern haben mir ganz klar gesagt: Abends, wenn du einschläfst, hast du gefälligst die Hände über der Bettdecke zu haben!«
> Viktor H., 42 Jahre, zwei Kinder

> »Wenn ich mir das Gefühl, das ich oft als Kind verspürt habe, vergegenwärtige, dann war es geprägt von Enge, Bedrücktheit und vielen Frageverboten."
> Helen A., 43 Jahre

Eigene Erfahrungen prägen

Viele heutige Eltern haben gelernt, dass der Körper gegenüber den Familienmitgliedern verpackt bleibt: So wurde ihnen ein selbstverständlicher Umgang mit der sie umgebenden Hülle erschwert.

> »Nacktheit war bei uns ein Tabu! Toilette und Badezimmer wurden grundsätzlich abgeschlossen.«
> Viktor H., 44 Jahre, zwei Kinder

> »Ich habe meine Eltern nie nackt gesehen. Mein Vater war fast überängstlich darauf bedacht, dass wir ja keine grenzwertigen Situationen erlebten.«
> Pia B., 39 Jahre, ein Kind

> »Ich habe mit meinen Schwestern im selben Zimmer geschlafen, auch als sie schon in der Pubertät waren. Meine Eltern

wollten verhindern, dass ich sie im Nachthemd zu sehen kriege. Abends, wenn ich schon im Bett lag, kam eine Hand rein und machte das Licht aus. Dann gingen meine Schwestern im Dunkeln ins Bett.«
Viktor H., 44 Jahre, zwei Kinder

»Als ich vier Jahre alt war, habe ich meinen Vater mal nackt im Bad überrascht. Er war total außer sich. Ich konnte kaum einen Blick auf seinen Penis werfen, da brüllte er schon los und knallte die Tür zu. Ich war total erschrocken und fühlte mich schuldig, ohne zu wissen, wofür. Geredet wurde über den ›Vorfall‹ nicht.«
Helen A., 43 Jahre

Kinder erkennen die Haltung ihrer Eltern zum Thema Sexualität an vielfältigen Signalen: Schweigen, ein Thema, das plötzlich im Nichts endet, merkwürdige Rituale, stockende Erklärungen, lobendes oder tadelndes Verhalten der Eltern, abweisende, wegwischende oder willkommen heißende Reaktionen, liebevolle Gesten, empörte und bewundernde Blicke oder unverständliches Brüllen. Sie spüren an den Handlungen der Eltern, an ihren Reaktionen sehr genau, ob sie etwas fragen, sagen oder tun dürfen.

Daraus lernen Kinder zum Beispiel, dass es unter dem Nachthemd der Schwester ein Geheimnis gibt, dem sie zwar nah sind, das sie aber nicht sehen dürfen. Und sie lernen, dass der Vater aggressiv wird, wenn er nackt gesehen wird. Eltern geben oft ihre eigenen Ängste und Unsicherheiten an die Kinder weiter. Besonders Eltern, die selbst kein Verhalten gelernt haben, das ihnen bei einem anderen Umgang mit Sexualität hätte hilfreich sein können.

»Als ich schon erwachsen war, hat mein Vater mal erzählt, dass er als Sechzehnjähriger wenige Monate vor Kriegsende

in russischer Gefangenschaft erlebt hat, wie Militärärztinnen alle Gefangenen nackt antreten ließen und ihren Zustand auch handgreiflich prüften. Das muss wohl sehr demütigend gewesen sein. Erzählt hat er davon erst nach seinem Herzinfarkt. Doch so konnte ich im Nachhinein manche Reaktion verstehen.«
Helen A., 43 Jahre

Wenn wir uns als Erwachsene mit unserer eigenen Aufklärungsgeschichte befassen, können wir Erklärungen für unsere heutigen Haltungen finden:

»Bei uns war Nacktheit ein totales Tabu. Ich habe mich als Kind hin und wieder nackt ausgezogen, aber vorher meine Zimmertür von innen verbarrikadiert.«
Viktor H., 44 Jahre, zwei Kinder

»Ich war in der Pubertät sehr schüchtern. Heute denke ich, dass das auch sehr viel mit der Leibfeindlichkeit meiner Mutter zu tun hatte. Sie hat nie mit mir geschmust. Ich hatte eine extreme Angst davor, meinen Arm um ein Mädchen zu legen, obwohl ich wusste, dass das Mädchen das wollte.«
Karl M., 43 Jahre, ein Kind

»Bei uns kam Sexualität gar nicht vor. Ich wusste nichts darüber und das hat mir große Angst gemacht. Es war so ein Monster, vor dem ich totalen Schiss hatte. Als ich gerade 18 war, hatte ich eine Freundin, die war 15. Sie wollte mit mir schlafen. Ich war völlig überfordert, weil ich merkte, dass sie viel mehr wusste und viel freier war im Umgang mit Körperlichkeit. In dem Moment habe ich meine Eltern verflucht, dass sie mich so unwissend erzogen haben. Auch über Verhütung wusste ich absolut nichts. Ich war überhaupt nicht vorbereitet.«
Johann R., 41 Jahre, zwei Kinder

Die eigene Haltung reflektieren

> »Die Erziehung eines Kindes dauert etwa fünfzehn bis achtzehn Jahre, die Erziehung von Eltern sowie der Prozess des Erwachsenwerdens benötigen aber ein halbes Jahrhundert und mehr.«[64]
> Günther Deegener, Psychologe

> »Tabus und Schamgefühle aus der Kindheit wirken sich auf jeden Erwachsenen aus. Ein Vater, der sieht, wie sein kleiner Sohn an seinem Glied herumspielt, kann hundertmal gelesen haben, dass Masturbation in Ordnung ist. Die Erinnerung an seine Schuldgefühle, als er selbst als Junge masturbiert hat, ist stärker.«[65]
> Dieter Schnack, Rainer Neutzling, Männerforscher

Gespräche mit den eigenen Kindern fallen leichter, wenn man sich mit seiner eigenen Aufklärungsgeschichte auseinandersetzt. So können Eltern sich bewusst machen: »Das ist meine Geschichte, mein Problem, damit hat mein Kind nichts zu tun, und ich kann dafür sorgen, dass es damit nicht ungefiltert und ungesteuert konfrontiert wird.«

Eltern und Erzieher können ihre eigene Haltung reflektieren, indem sie sich Fragen bezüglich ihrer eigenen Erziehung stellen. Welche Bedeutung hatte das Thema Sexualität in all seinen Facetten in meiner Kindheit? Was denke ich heute und warum?

Die folgenden Fragen helfen dabei:

- Wie bin ich aufgeklärt worden?
- Wofür habe ich mich als Kind geschämt?
- Wie ist meine Sexualentwicklung abgelaufen? Was war schwierig? Was war schön?
- Wie habe ich mich dabei wahrgenommen?

- Welche moralischen Standpunkte vertrete ich?
- Worüber möchte ich nicht sprechen, weil es mir peinlich wäre oder weil ich meinem Kind nicht zu nahe treten möchte, und wie kann ich ihm trotzdem die nötigen Informationen geben?
- Wie kann ich über Sexualität sprechen? Und mit welchem Erwachsenen kann ich das?

Was Reflexion verändern kann

Heutige Eltern sind häufig freier und nicht mehr so körperfeindlich, wie manche das aus ihrer Kindheit kennen. Viele machen sich Gedanken über einen richtigen und guten Umgang mit dem Thema »Körper und Sexualität« in ihrer Familie. Sie suchen eine eigene Haltung, die ihrer Geschichte Rechnung trägt und die sie heute für angemessen halten.

> »Ich bemühe mich, so bewusst wie möglich mit Körperlichkeit umzugehen. Beim Duschen sind die Türen nicht abgeschlossen, die Kinder rennen rein und raus. Nacktheit ist für die Kinder ein recht normaler Zustand.«
> Viktor H., 44 Jahre, zwei Kinder

> »Ich zeige mich nicht demonstrativ oder selbstverständlich vor meinen Kindern nackt. Wenn ich unter der Dusche bin, dann ist das oft so, dass die reinkommen und setzen sich dann dazu und erzählen mir was. Das ist auch völlig in Ordnung. Aber ich würde jetzt nicht demonstrativ in der Unterhose durch die Wohnung laufen und meine Anziehsachen suchen. Ich kuck schon, dass ich etwas angezogen bin. Ich glaub, das ist mir ein bisschen erhalten geblieben.«
> Pia B., 39 Jahre, ein Kind

»Mir ist es sehr wichtig, dass unsere Kinder auf alle ihre Fragen eine ernsthafte Antwort erhalten. Die muss nicht immer sachlich korrekt sein, Hauptsache, es wird geantwortet. Das Beschreiben der genauen Einzelheiten, z. B. beim Geschlechtsakt, lasse ich weg oder verschiebe es auf später. Das traue ich mich noch nicht und ich denke, dass meine Frau das auch besser kann.«
Viktor H., 44 Jahre, zwei Kinder

«Irgendwann rief meine Tochter mich ins Badezimmer, weil sie wollte, dass ich ihr beim Haarewaschen helfe. Da habe ich gesehen, dass sie ihre Schamhaare rasiert hat. Das hat mich total befremdet, weil mir bewusst wurde, dass sie zur Frau wird, und ich musste mir klarmachen, dass sie einen anderen Umgang mit Körperlichkeit und ein anderes Verständnis von körperlicher Schönheit hat als ich. Das musste ich erst lernen."
Susann N., 41 Jahre, zwei Kinder

Es ist nicht das Ziel, alles so locker wie möglich zu besprechen und keine Tabus mehr zu haben. Das Unbehagen, das die Mutter beim Anblick ihrer heranreifenden Tochter verspürt, kann sie auf ihre eigenen Ängste hinweisen: Sie spürt vielleicht ihre Sorge darüber, was mit ihr selbst wird, wenn »das Kind« bald erwachsen ist und aus dem Haus geht. Vielleicht hat sie ein flaues Gefühl bei dem Gedanken, dass die Tochter jetzt zur Frau wird, dass sie jetzt begehrenswert ist und dass sie selbst dann zum »alten Eisen« gehört. Dieses Wissen um ihre eigenen Sorgen kann es ihr erleichtern, mit der Tochter umzugehen und sie in ihrer Entwicklung zu akzeptieren und zu unterstützen. Sie kann sich selbst auf den kommenden neuen Lebensabschnitt, in dem die Kinder keine Kinder mehr sind und sie die Eltern nicht mehr in dem Maße brauchen, vorbereiten.

7. Über Sexualität reden – den Kindern Worte geben

»Die Eltern, die Geheimnisse säen, werden Lücken ernten. Falls Sie es ablehnen, Ihrem Kind auf eine seiner Fragen zu antworten, geht diese Frage nicht nur nicht verloren, sie wird das ganze Feld des Nachdenkens besetzen: Der Teil blockiert das Ganze. Wundern Sie sich nicht, dass Ihr Kind zerstreut ist, auf dem Mond, ›weggetreten‹.«[66]
Christiane Olivier, französische Psychoanalytikerin

»Sprechen hilft«

Die Medienkampagne »Sprechen hilft«, die von Christine Bergmann initiiert worden ist, trifft den Kern des Themas sexueller Missbrauch. Der Regisseur Wim Wenders hat für diese Kampagne zwei Spots gedreht, in denen die Gesichter eines Mannes beziehungsweise einer Frau in vier verschiedenen Lebensaltern zu sehen sind, als Kind, als Jugendliche oder Jugendlicher, als junge Frau oder junger Mann und als ältere Frau beziehungsweise älterer Mann. In den ersten Sekunden erlebt der Zuschauer das kleine Mädchen und den kleinen Jungen noch unbefangen in die Kamera blickend. Dann legt sich eine große Hand über das Gesicht des Kindes. Ein Täter steht unmittelbar hinter ihm. Man sieht nur seine Hand und einen Umriss seines Oberkörpers. Die Hand hält den Mund der Betroffenen geschlossen, und zwar in allen vier Lebensphasen. Angst, Entsetzen und Abscheu sind in ihren Augen zu sehen. Erst als Erwachsene und unter großer Anstrengung können sie sich mit eigener Kraft von der Hand und damit von der Macht des Täters befreien und über das Erlebte sprechen.

Der Untertitel der Kampagne lautet: »Wer das Schweigen bricht, bricht die Macht der Täter.« Und das heißt, dass wir alle darüber sprechen sollen, dass wir uns alle darum bemühen sollen, das Thema »aus der Tabuzone zu holen, damit Kinder besser geschützt und Handlungsspielräume für Täter und Täterinnen eingeschränkt werden können«.[67]

Es ist wichtig, dass wir uns das immer wieder aufs Neue bewusst machen – gegen unsere abwehrenden Gedanken und Gefühle, die sagen: »Darüber kann man doch jetzt nicht sprechen, nicht hier, nicht jetzt, nicht in diesem Kreis«, oder: »Das kann doch gar nicht sein, das ist doch so ein netter Trainer«, oder: »Bloß niemandem etwas unterstellen«.

> »Der öffentliche Diskurs stellt ein wichtiges Element im Prozess der persönlichen Bewältigung dar, weil er sich, stellvertretend für den individuell erlebten Zwang zur Geheimhaltung über das Schweigegebot der Täter hinwegsetzt. Dies geschieht sowohl auf eine konkrete Weise, indem Täter und Täterinnen als solche benannt werden, als auch symbolisch, indem ein deutliches Signal gesetzt wird, dass über sexuelle Gewalt gesprochen werden kann.« [68]
> Elisabeth Helming, Peter Mosses, Deutsches Jugendinstitut

Nicht zufällig ringt auch der Nachfolger von Christine Bergmann, Johannes Wilhelm Rörig, weiter um Öffentlichkeit für das Thema: »Die Gefahren und Folgen sexuellen Kindesmissbrauchs dürfen auch nach Ende des Runden Tischs nicht aus der öffentlichen Diskussion verschwinden«, appelliert er immer wieder.[69]

Worte sind der Schlüssel

Wenn wir Worte für etwas haben, können wir es uns aneignen. Worte befähigen uns, etwas als uns zugehörig zu empfinden:

> »Als ich 17 war, hab ich das erste Mal in einer Zeitschrift gelesen, dass es einen Kitzler gibt. Dort wurde genau beschrieben, was das überhaupt für ein Teil ist. Da hab ich gedacht: Hab ich nicht. Erst mal nachkucken. Und hab dann immer mit dem Spiegel da gestanden und hab gedacht: Na, wo ist er?«
> Clara L., 38 Jahre, zwei Kinder

Die Pädagogin Petra Milhoffer hat mit ihren Mitarbeitern und Mitarbeiterinnen in einem Forschungsprojekt über Selbstwahrnehmung, Sexualwissen und Körpergefühl acht- bis vierzehnjährige Kinder befragt, welche Bezeichnungen sie für Körperteile kennen. Am wenigsten bekannt war ihnen der Begriff »Klitoris« beziehungsweise »Kitzler«.[70]

Das ist eine bezeichnende Erkenntnis, wenn man bedenkt, dass der Kitzler das dem Penis entsprechende Körperteil bei der Frau ist. Er ist genauso erregbar und lustbringend. Die Autorinnen der Studie schlussfolgern daraus, dass durch die Nichtbennung des weiblichen Sexualorgans gleichzeitig die weibliche Fähigkeit, Lust zu empfinden, verleugnet wird: »Das spiegelt die symbolische Beschneidung wider, die diesem Begriff auch heute noch in vielen Aufklärungsmaterialien widerfährt. Die Verleugnung der Existenz des weiblichen Lustorgans hat mit Sicherheit einen erheblichen Anteil an der gebrochenen Einstellung von Mädchen und Frauen zu weiblichem Begehren und weiblicher Lust!«

Der Psychoanalytiker Wolfgang Mertens und die Analytikerin Christa Rohde-Dachser sind der Auffassung, dass die Fehlbenennung beziehungsweise das Totschweigen weiblicher Genitalien eine Kastration im übertragenen Sinne darstellt. Sie fragen: »Was soll das kleine Mädchen davon halten, dass es einen Körperteil gibt, der in den ersten Lebensjahren die Hauptquelle seiner Lust ausmacht, für den es aber keine Bezeichnung gibt? Man spricht von Scheide und Schamlippen, o.k., aber von Kitzler? Von ›Stolz des Mädchens‹, vergleichbar dem Stolz des Jungen auf seinen Penis, kann jedenfalls keine Rede sein.«[71]

Sprache als Schutz

> »Ich bin von meinen Eltern überhaupt nicht aufgeklärt worden. Körper und Sexualität wurden bei uns nicht thematisiert. Ich habe mehrere übergriffige Situationen durch Männer erlebt, aber da ich keine Sprache dafür hatte, konnte ich mich auch niemandem mitteilen. Irgendwann später hat meine Mutter mal zu mir gesagt, dass sie der Meinung ist, dass man seinen Kindern zwar Hilfestellung geben, aber nicht alles beim Namen nennen solle. Da bin ich wütend geworden und habe ihr gesagt: ›Mama, wenn ich mit zehn Jahren gewusst hätte, dass das große rote Ding Penis heißt, dann wäre mir eine Situation in meinem Leben erspart geblieben und ich wäre sehr froh darüber gewesen, wenn ihr mir das rechtzeitig gesagt hättet.‹ Wir haben dann ausführlich darüber gesprochen. Meine Eltern konnten ja gar nicht wissen, was mir passiert war, weil ich keine Worte dafür hatte. Das werde ich mit meinen Kindern auf jeden Fall anders machen. Sie sollen für alle Körperteile Bezeichnungen lernen und auch mitbekommen, dass man darüber reden kann. Das habe ich mir fest vorgenommen.«
> Martha S., 42 Jahre, drei Kinder

Aus der Schilderung wird klar, wie wichtig es ist, dass Kinder lernen, dass man über Körper und Sexualität ganz normal sprechen kann und zwar von Anfang an. Sie brauchen das Wissen über ihren Körper und über Sexualität und die Möglichkeit, dieses Wissen in Sprache umzusetzen. Worte für die Sexualorgane und die Erregbarkeit des Körpers sind unerlässlich, um über missbräuchliche Erlebnisse reden zu können und um sich Hilfe zu holen.

Vielen Eltern fällt es leichter, über Themen wie »Geschlechtsunterschiede«, »Schwangerschaft« und »Geburt« wie sei mit ihren Kindern zu reden. Schwieriger sind immer noch die Themen »sexuelle Handlungen Erwachsener« und »sexueller Missbrauch«.

Sagen, was ist

> »Was nicht existiert, benötigt keinen Namen, und was keinen Namen hat, existiert nicht.« [72]
> Mithu M. Sanyal, Kulturwissenschaftlerin

Das »Verschweigen« etwa des Kitzlers bei Mädchen dient dazu, schwierige Themen zu umgehen. Eltern, die sich unsicher fühlen, wie sie mit ihren Kindern über Körper und Sexualität ins Gespräch kommen sollen oder die schlicht gerade etwas anderes zu tun haben, als sich mit einer altersgerechten Erklärung abzumühen, vertrösten die Kinder manchmal auf »später«. Sie sagen ihnen zum Beispiel: »Wenn du groß bist, dann bekommst du einen Busen, dann kannst du körperliche Liebe mit einem anderen Menschen haben, dann kannst du Kinder bekommen …« Die französische Analytikerin Christiane Olivier meint dazu: »Was nützen dem Mädchen die Geschichten von dem, was sie nicht hat und was sie erst später bekommt? Das ist alles außer Reichweite, auf einem anderen Stern. Sie kann sich nur ärgern, weil sie glaubt, nichts von dem zu haben, was man braucht, um eine Frau zu sein. Sie will wissen, was ist jetzt? Was habe ich?«[73]

Eltern können ihrer Tochter sagen: »Es ist alles da. Alles ist angelegt. Für die Lust gibt es ein Organ, das du schon kennst, weil es ein schönes Gefühl macht, sich dort zu streicheln. Das ist eine kleine, etwa erbsengroße Stelle. Manche Menschen nennen sie auch Perle. Sie liegt etwas versteckt vorne zwischen den Schamlippen und heißt Kitzler.« So hat das Mädchen eine wichtige Hilfe, seiner eigenen Genitalien gewahr zu werden und eine innere Vorstellung davon zu entwickeln. Auch wenn zu einer geglückten weiblichen Identitätsentwicklung und zu einer lustvoll erlebbaren Sexualität mehr gehört als die vollständige Benennung der Genitalien, so ist dies doch ein wesentlicher Baustein auf dem Weg, sich als Mädchen ›richtig‹ und ›ganz‹ zu fühlen.[74]

Für die Geschlechtssicherheit von Jungen und Mädchen ist es wichtig zu erfahren, dass sie verschiedene Geschlechtsorgane haben, weil sie bei der Fortpflanzung unterschiedliche Aufgaben haben. Sie sollten auch lernen, dass Männer und Frauen die gleiche Grundausstattung haben und dass beide gleich gut befähigt sind, Lust zu empfinden.

Eine offene und wertschätzende Haltung

Grobe oder abfällige Worte, die Sexualität betreffend, gehen vielen Menschen leichter über die Lippen als respektvolle Ausdrücke. Das hat meist zwei Gründe: Erstens weiß man nicht so genau, welche Worte man verwenden soll und außerdem schafft die Abfälligkeit eine Distanz. Schon im Kindergarten fliegen den Erzieherinnen abfällige Begriffe um die Ohren: »Du Wichser«, betitelt plötzlich ein Kind ein anderes und auch die Erwachsenen werden schon mal mit Begriffen wie »schwule Sau« oder »Arschficker« bedacht.

Den Eltern auch schon drei- bis sechsjähriger Kinder ergeht es manchmal nicht anders. Viele Erwachsene reagieren dann spontan empört und ablehnend: «Ficken sagt man nicht.« Und das ist als spontane Reaktion auch sehr verständlich. Aber: Was sagt man dann?

Kinder haben ein interessantes Wort gehört und mehr noch: Sie haben erlebt, dass man mit diesem Wort erstaunliche Reaktionen bei den Erwachsenen auslösen kann. Das ist spannend und muss sofort noch einmal probiert werden. Erwachsene, die das wissen, könnten die Gelegenheit nutzen, mit ihrem Kind ins Gespräch zu kommen. »Was ist ficken?", könnten sie fragen, oder: »Was möchtest du damit sagen?«

Fünf- bis Zehnjährige würden auf die Frage »Was ist ein Wichser?« etwa antworten: »Das ist ein doppeltes Arschloch«. Sie wissen, es handelt sich um etwas Schlimmes, aber was genau, das ist ihnen in der Regel nicht klar. Eltern könnten ihrem Kind zum Beispiel erklären: »Wichsen sagt man zur Selbstbefriedigung bei Jungs und Männern. Wenn sie sich die Vorhaut hin- und herschieben und sich damit erregen, das ist Wichsen.«

Und für Kinder, die noch mehr wissen möchten, hat gerade das Wort Wichsen eine interessante Herkunft: Der Begriff kommt von wächsern. Das heißt, in dem Wort Wichsen steckt das Wort Wachs, wie Kerzenwachs. Das kommt daher, dass früher die Schuhcreme aus einer wachsartigen Substanz bestand. Und wenn man die Schuhwichse auf die Schuhe auftrug und diese dann polierte, wurde mit einer Bürste oder einem Lappen hin- und hergeschrubbt. Und diese Handbewegung ist eine ähnliche wie die, wenn man seinen Pimmel reibt.[75]

Welche Wörter wollen wir benutzen?

Wenn wir über Sexualität reden, gehen uns die Worte nicht so leicht über die Lippen und oft überlegen wir noch mitten im Satz, welches Wort wir jetzt in diesem Zusammenhang wählen wollen.

Über Fußball oder Schule spricht es sich lockerer als über Sexualität. Das ist normal.

Wenn Eltern mit ihren Kindern über Sexualität sprechen, müssen sie nicht jede letzte Nische der Sexualität in Worte fassen. Das wollen auch die Kinder nicht. Den Kindern Sexualsprache vermittlen heißt: ihnen zu helfen, sich ihren Körper vertraut zu machen als etwas Positives. Ihnen eine Sprache zu geben, mit der sie »schöne« und »blöde« Gefühle benennen können zu ihrer Freude und zu ihrem Schutz.

Welche Worte gefallen uns gut? Wie möchten wir die Geschlechtsteile oder die körperliche Liebe zwischen zwei Menschen bezeichnen?

Auch wenn es eine Fülle von Ausdrücken gibt, möchten wir die meisten gar nicht benutzen, weil sie uns zu distanziert, zu abfällig oder zu eindeutig vorkommen oder weil wir uns nicht mit ihnen »verbinden« können, sie als unpassend empfinden.

Hier eine kleine Auswahl an gängigen Ausdrücken für das männliche Genitale:

Penis, Glied, Schwanz, Pimmel, Dödel, Pipimax, Schniedel, Schwänzchen, Pillemann, Puller. Wobei das Korrekturprogramm des Computers die letzten sieben Wörter alle rot unterstrichelt. Man findet sie in keinem normalen Wörterbuch.

Für die weiblichen Genitalien gibt es zum Beispiel folgende Ausdrücke: Vulva, Scheide, Muschi, Möse, Fotze, Pflaume, Brötchen, Schmetterling.

Und für Sex: Geschlechtsverkehr haben, zusammen schlafen, Liebe machen, ficken, bumsen, vögeln, pimpern, beischlafen, sich körperlich lieben.

Für Kinder sind Handeln und Erkennen eins. Für sie müssen Begriffe »greifbar« sein. Kinder werden neugierig auf etwas, wenn sie mit ihm in Berührung gekommen sind. Sie benutzen eher umgangssprachliche Ausdrücke, mit denen sie etwas verbinden können.

Erwachsene weichen häufiger auf eine wissenschaftliche oder auf eine Bildersprache aus, die ihnen eine gewisse Distanz ermöglicht. Doch Kinder können mit medizinischen Fachbegriffen, die zudem oft in lateinischer Sprache sind, wenig anfangen. Da wir die anderen Körperteile auch nicht in lateinischer Sprache benennen, etwa zum Auge auch nicht »oculus« sagen, klingen Worte wie »Vagina« ebenso fremd. Solche Wörter sind wie Fremdkörper in der eigenen Sprache. Auch das so benannte Körperteil wird dadurch als fremd und nicht zu mir gehörig erlebt.

Manchmal werden auch die Sexualorgane und Sexualität generell durch Bezeichnungen verniedlicht. Es gibt Wörter wie »Schwänzchen« oder »Pullermann« für das Glied, »pullern« für urinieren oder »Brünnlein« für die Scheide. Das hat den Anschein, als wollte man das Sexuelle weghalten aus den Begriffen, als gehe es wie zum Beispiel beim Begriff »Pullermann« lediglich um die Ausscheidung. Erkenntnisse über die Sexualfunktion werden Kindern durch solche Bezeichnungen jedenfalls nicht vermittelt.

Die Ausdrücke, die übrig bleiben, stammen aus der Hochsprache, wie »Glied« und »Scheide«, und aus der Umgangssprache, wie »Pimmel« und »Muschi«.

Wenn wir uns die Hochsprache ansehen, so hat auch sie etwas Steriles. Sie wirkt oft karg und auch in ihr ist der sexuelle Charakter des Bezeichneten nicht unbedingt erkennbar. Ein Glied ist auch ein Arm oder ein Bein. Eine Scheide ist auch eine Hülle, in der ein Schwert getragen wird. Das Wort Schamlippen wirkt sexualfeindlich, es erweckt den Eindruck, man müsse sich dieser Lippen schämen.

Die Umgangssprache hingegen ist im sexuellen Bereich besonders bildhaft und ausdrucksstark:

- Pimmel etwa stammt von »Pümpel« = Stößel im Mörser.

- Muschi hängt zusammen mit Muschel und ist vor allem für die Scheide eines kleinen Mädchens gebräuchlich.
- Vögeln stammt von »vogelen« = begatten; anfangs auf Tiere begrenzt, vor allem auf Hahn und Enterich.[76]

> »Heute erfahren Kinder alles im Internet. Sie können sich dort Bilder und Filme anschauen, die sie nicht verstehen und die sie nicht einordnen können. Das ist erschreckend und macht Aufklärung zu Hause umso wichtiger. Meine Eltern waren recht liberal und sie haben uns aufgeklärt. Das hat mir geholfen. Es macht es mir heute leicht, mit meinen Kindern über Sexualität zu sprechen. Dabei rede ich einfach, wie es mir einfällt, nicht unbedingt sachlich und biologisch. Ich sag zum Beispiel auch nicht Scheide, sondern ich sag Muschi. Das finde ich irgendwie schöner. Ich finde auch Möse nicht so schön. Und für den Schwanz sag ich entweder Penis oder Schwanz.«
> Hannah, 45 Jahre, drei Kinder

Die Kulturwissenschaftlerin Mithu M. Sanyal entscheidet sich für das Wort Vulva für die weiblichen Geschlechtsorgane und verfasst über deren wechselvolle Geschichte in den Kulturen ein ganzes Buch.[77] »Mumu« ist der der Ausdruck, für den sich Mädchen in einem Mädchenworkshop entschieden haben.

Wenn Erwachsene sich untereinander darüber unterhalten können, welche Bezeichnungen sie schön finden, ist das eine gute Hilfe, selber Sicherheit zu bekommen. Auch Paaren fällt es oft schwer, miteinander über Sexualität ins Gespräch zu kommen. Die inneren Verbote und die Angst, sich verletzbar zu machen, halten uns davon ab. Aber es lässt sich üben. Und wir können mit Partnern oder Freunden gemeinsam überlegen, welche Ausdrücke uns gefallen und welche wir den Kindern vermitteln möchten.

Was wollen Kinder wann wissen?

Je nach Alter und Entwicklungsstand interessieren Kinder sich in anderer Weise und wieder neu für ihren Körper und dessen Möglichkeiten. Eltern sind manchmal unsicher, ob sie mit zu vielen Erklärungen die Kinder überfordern. Sie wägen ab, ob sie die Kinder mit ihren Erläuterungen altersentsprechend erreichen oder ob es für sie schockierend ist, wenn sie zum Beispiel erfahren, dass der Mann den Pimmel in die Scheide der Frau steckt.

Die Sexualforscherin Renate Volbert hat vorhandene Untersuchungen ausgewertet und einen Entwicklungsverlauf über das Sexualwissen und -interesse von Kindern zusammengestellt:

- bis zwei Jahre: keine Fragen zu sexuellen Themen
- zwei bis drei Jahre: Fragen zu genitalen Unterschieden, Geschlechtszuordnungen werden vorgenommen
- drei bis vier Jahre: Fragen zum Ursprung von Babys
- vier Jahre: Basiswissen über Schwangerschaft
- fünf bis sechs Jahre: Fragen zur Geburt
- acht Jahre: Fragen zu Empfängnis und Geschlechtsverkehr
- neun bis elf Jahre: Wissen über Empfängnis und Geschlechtsverkehr

Für Kinder, Jugendliche und junge Erwachsene zwischen acht und fünfundzwanzig Jahren hat das Kinder- und Jugendtelefon der Bundeszentrale für gesundheitliche Aufklärung und des Deutschen Kinderschutzbundes Themenbereiche registriert, die ihre Anrufer und Anruferinnen interessierten: Dabei waren für alle Altersgruppen Fragen zu den Themen Partnerschaft und Liebe am wichtigsten. 24,5 Prozent der 8- bis 13-Jährigen und 38,85 Prozent der 14- bis 25-Jährigen stellten Fragen zu diesen Themen. Die meisten Anrufer wollten über »Verliebtheit« und »Kontaktwunsch« sprechen.

Das deckt sich mit den Ergebnissen einer qualitativen Studie des Kölner Rheinland-Instituts. Hier fand man heraus, dass Pubertierende sehr gern Vorabendserien sehen, um etwas über Beziehungen zu erfahren. Sie sind auf der Suche nach einer »Liebes- und Lebensschulung«.[78]

Seit mehr als elf Jahren arbeiten meine Kollegin Katrin Sanders und ich an der WDR-Hörfunk-Reihe »Herzfunk«. Sie richtet sich an Sechs- bis Zwölfjährige. Nach unserer Erfahrung interssieren sich Kinder in diesem Alter sehr für Fragen wie: »Was macht man, wenn man sich näherkommt?« Oder: »Wie kann man sich richtig verhalten in der unbekannten Welt der Körperlichkeit?« Auch die Frage: »Wie küsst man sich richtig?«, wird sehr häufig gestellt.

Wir haben keine Statistik erstellt, da wir von manchen Kindern, die ihre Fragen per Telefon oder E-mail stellen, das Alter oder das Geschlecht gar nicht wissen. Trotzdem haben wir einige typische Muster herausgefunden:

- Sieben- bis Achtjährige wollen etwas erfahren über den eigenen Körper und den Körper anderer: Wie ist er heute? Was kommt auf mich zu? Sie wollen wissen, wie sie die neuen, wechselnden Gefühle einordnen sollen. Es interessiert sie, was Begriffe bedeuten, die sie bei Älteren oder in den Medien aufschnappen: Wie bekommt man Kinder? Warum lachen manche über den Begriff Sex und das Wort Liebe? Was ist Selbstbefriedigung? Was ist die Vorhaut? Was sind Prostituierte? Was ist Petting? Was passiert bei der Beschneidung? Wie fühlt sich die Liebe an?
- Neun- bis Elfjährige suchen zum Teil schon konkretere Handlungsanweisungen: Was muss man machen im Reich der Liebe? Gibt es etwas, was man als Junge beim Sex beachten muss? Ich bin in einen netten Jungen verliebt, was soll ich machen? Wie angele ich mir eine Freundin? Warum wird bei Jungs der Pimmel groß?

- An den Fragen von Zwölfjährigen ist ablesbar, dass sie zum Teil schon sexuelle Erfahrungen mit anderen haben oder sich jedenfalls detaillierter damit auseinandersetzen: Was ist ein Orgasmus? Wieso schämt man sich, wenn man nackt ist? Was ist eigentlich der Kitzler? Warum wollen Jungs erst so spät was von Mädchen wissen?

In ihrer Studie »Jugendsexualität« fragt die Bundeszentrale für gesundheitliche Aufklärung Jugendliche zwischen vierzehn und siebzehn Jahren danach, wie aufgeklärt sie in sexuellen Fragen sind. Nach dieser Studie halten sich 83 Prozent der deutschen Jungen und 72 Prozent der Jungen mit Migrationshintergrund für aufgeklärt, bei deutschen Mädchen sind es 84 Prozent und bei Mädchen mit Migrationshintergrund 67 Prozent.[79]

Die Sexualforscherin Petra Milhoffer legte Acht- bis Vierzehnjährigen eine Liste mit Themen aus dem Bereich Sexualität vor und fragte: Worüber möchtest du gerne mehr wissen? Das Spitzenthema bei Mädchen unter elf Jahren ist demnach Schwangerschaft (35 Prozent). Die Jungen dieses Alters interessieren sich am meisten für Sex (32 Prozent). Grundsätzlich fiel auf, dass die Mädchen überhaupt mehr wissen wollten als die Jungen. Sie hatten deutlich mehr Themenbereiche angekreuzt. Wissen die Jungen schon mehr oder können sie weniger gut zugeben, dass sie mehr wissen wollen? Oder sind sie wirklich weniger interessiert?

Mit zunehmendem Alter wurde für Jungen und Mädchen die Frage nach den Risiken von Sexualität interessant. 34 Prozent der elfjährigen Jungen und 45 Prozent der elf- bis zwölfjährigen Mädchen wollten sich über Aids informieren.

Während diese Zahl bei den Mädchen zwischen dreizehn und vierzehn Jahren auf 69 Prozent ansteigt und sogar 75 Prozent der Mädchen dieses Alters etwas über Vergewaltigung wissen wollen, gilt das Hauptinteresse der dreizehn- bis vierzehnjährigen Jungs wieder dem Thema Sex.

Auch diese Ergebnisse lassen zunächst nur Spekulationen zu: Fühlen sich die Mädchen mehr bedroht von außen? Fühlen sich die Jungs mehr unter Druck, etwas »bringen« zu müssen? Oder sind Jungen einfach sorgloser und dominiert bei ihnen der Spaß an den neu gewonnen körperlichen Möglichkeiten?

Sicher scheint zu sein, dass Jungen und Mädchen unterschiedliche Informationen und Hilfestellungen brauchen. Die Sexualforscher und -forscherinnen sind der Auffassung: »Jungen benötigen eher eine ›Liebesschule‹ für die Beziehungsgestaltung und die Einfühlung in andere. Das würde Sinn machen, wenn sie gleichzeitig weniger Druck hätten, einem männlichen Klischee zu entsprechen. Mädchen seien demgegenüber zur offensiveren Durchsetzung ihrer Wünsche und zum Mut zur Kritik am ›Angebeteten‹ zu befähigen.«[80]

Wie können Eltern aufklären?

Allgemeine Angaben und Empfehlungen über Aufklärung können nur grobe Anhaltspunkte bieten. Das heißt, sie ersparen Eltern nicht, ganz individuell auf ihre Kind zu schauen und sich zu überlegen: Wann ist für mein Kind der richtige Zeitpunkt für die Aufklärung? Soll ich heute, morgen oder übermorgen mit ihm über Lust und Liebe sprechen? Wann ist mein Kind reif dafür?

> »Wenn ein Kind alt genug ist für die Frage, dann ist es auch alt genug für die Antwort.«[81]
> Sexualaufklärer Oswalt Kolle

> »Wenn meine sechsjährige Tochter zum Beispiel sagt: ›Jungs poppen.‹ Oder wenn sie Wörter wie ›schwul‹ oder ›cool‹ benutzt, dann frage ich sie, was sie genau damit meint. Mich

interessiert, was sie sich vorstellt, wenn sie so etwas sagt, und ob sie die Bedeutung davon kennt. Ich überlege mir dann, ob sie die Bedeutungen der Wörter unbedingt genau wissen möchte oder ob sie mit den Erklärungen, die sie hat, im Moment zufrieden ist. Auf jeden Fall bemühe ich mich um ein Gespräch mit ihr. Ich möchte die Kinder nicht ausfragen, aber einen Boden schaffen, dass sie sich trauen, weiterzufragen.«
Maria S., 42 Jahre, zwei Kinder

Sexualerziehung im Alltag ergibt sich oft aus einer kleinen Beobachtung, die die Kinder machen. Es ergeben sich Fragen aus dem, was sie sehen und hören. Der Kondom-Automat in der Toilette der Autobahn-Raststätte, der Blick auf die Brust der Mutter, während sie unter der Dusche steht, der dicke Bauch einer Frau auf der Straße oder die Überlegung: Wieso hat meine Mama den Papa geheiratet und nicht jemand anderen? Es gibt viele kleine Anlässe, um mit den Kindern über Körper und Sexualität im alltäglichen Leben altersentsprechend in Kontakt zu kommen. Einer Fünfjährigen, die nach Kondomen fragt, kann man erklären, dass sie dazu da sind, damit man keine Kinder bekommt, wenn man keine möchte. Man kann sagen, dass sie verhindern, dass der Samen des Mannes in die Scheide der Frau fließt. Ein Zehnjähriger möchte wahrscheinlich mehr wissen: Wie ist das mit der Sicherheit von Kondomen? Und welche Bedeutung haben sie, um Krankheiten zu verhindern?

Eltern müssen nicht alles wissen

Eltern müssen keine Sex-Experten sein, um ihre Kinder aufzuklären. Es gibt immer Fragen, auf die sie selbst nicht so schnell eine Antwort parat haben: Wie war die Liebe in der Steinzeit? Warum haben Männer Brustwarzen, die müssen doch keine Babys stillen? Warum wird der Pimmel groß? Warum sind die Eier bei Jungen außen und bei Mädchen innen?

Unwissenheit in der Sexualaufklärung ist überhaupt nicht schlimm. Wir können zugeben: Das weiß ich auch nicht. Und gleichzeitig können wir sagen: Das ist eine interessante Frage. Lass uns zusammen mal nachschauen, ob wir eine Antwort finden. Vielleicht gibt es ein gutes Buch, das man gemeinsam anschauen kann, eine Rubrik im Internet oder einen Experten, den man zu dem Thema befragen kann. Kinder lernen dann gleichzeitig: Meine Eltern wissen auch nicht alles, man muss nicht alles wissen, aber man kann darüber reden und etwas herausfinden.

Ehrliche Antworten geben

Es ist manchmal nicht so leicht einzuschätzen, was ein Kind schon verstehen kann. Lange Vorträge oder theoretische Abhandlungen überfordern die meisten Kinder und gehen an ihrer Erlebenswirklichkeit vorbei. Das Märchen vom Klapperstorch ist gelogen. Spätestens im Kindergarten wird dem Kind auffallen, dass da was nicht stimmt. Das Vertrauen zu den Eltern könnte einer Unsicherheit weichen.

Wenn es »richtige« Antworten gibt, sollten Eltern sie den Kindern auch geben. »Ist Sex zum Leben notwendig?« – »Nein, es geht durchaus ohne.« Um zu hören, wie die Kinder auf eine Frage gekommen sind, können die Eltern ihrerseits fragen: »Machst du dir darüber Gedanken?« So berücksichtigen sie, dass die Kinder sich eventuell Sorgen machen, und schaffen eine Möglichkeit, darüber zu sprechen. Ehrlich wäre es auch zu sagen: »Es fällt mir schwer, darüber zu reden, weil ich das nicht gelernt habe.« So können Kinder das Stottern und Zögern der Eltern besser einordnen.

An Bekanntes anknüpfen

Um sicher zu gehen, dass wir nicht über die Köpfe der Kinder hinwegreden, können wir uns fragen: Was kennt das Kind? Woran kann ich anknüpfen? Was versteht es?

Manchmal gibt es ein Bild, das es ihm leichter macht, sich einen Sachverhalt vorzustellen: Einfach ist es zum Beispiel bei der Frage nach der Größe der Babys im Bauch. Hier gibt es schöne Parallelen zu Dingen, die das Kind kennt und die ihm dabei helfen, sich die Größenangabe genauer vorzustellen. Zum Beispiel: Ein sieben Wochen altes Baby ist so groß wie eine Bohne, ein zwei Monate altes so groß wie eine Erdbeere.

Von der eigenen Kindheit erzählen

Gefühle zu erklären, ist etwas sehr Persönliches, und jeder würde es anders machen. Es gibt dabei kein »richtig« oder »falsch«. Jeder von uns hatte besondere Erlebnisse und jeder würde sie ganz anders beschreiben. Wenn unsere Gefühle dabei rüberkommen, werden die Kinder das merken. Eigene Geschichten sind glaubhaft und spannend und sie zeigen den Kindern, dass jeder sich ähnliche Gedanken macht über die körperliche Welt und dass auch die Eltern nicht immer Bescheid wussten und Pannen erlebt haben. Eltern sollten den Kindern nicht ihre sexuellen Erlebnisse erzählen, das wollen die Kinder gar nicht wissen. Aber es kann die Kinder beispielsweise entlasten, zu wissen, dass der Vater auch schon mal Liebeskummer hatte oder in eine peinliche Lage gekommen ist, in der er nicht wusste, was er machen sollte. Solche Geschichten sind für Kinder viel anschaulicher als abstrakte Erklärungen. Sie lernen: Die Liebe hat viele Seiten, auch peinliche, und das ist normal.

Sexualerziehung ist wichtig, um Kinder selbstbewusst und stark zu machen, so dass sie ihren Körper als zu sich zugehörig erleben und mit ihm selbstbestimmt umgehen. Sexualerziehung sollte dabei eingebettet sein in die normale Erziehung.

> »Sexualerziehung unter Einbeziehung des Körpers, der Sprache und aller Sinne ist die beste Förderung von Lebenskompetenz.«[82]
> Christa Wanzeck-Sielert, Diplom-Pädagogin

8. Vertrauen schafft Selbstvertrauen

Warum Vertrauen ein unerlässlicher Schutzfaktor ist und Kontrolle gar nichts nützt

> »Kinder spüren ganz genau, was sie zu Hause fragen dürfen und wann die Eltern ihnen signalisieren, dass etwas nicht gefragt und besprochen werden darf.«
> Sonja A., 41 Jahre, zwei Kinder

Manche Eltern sind überzeugt davon, dass ihre Kinder gar keine Fragen zu Körper und Sexualität haben. Manche Kinder stellen auch keine Fragen zu diesen Themen. Das kann verschiedene Gründe haben, die mit der Haltung der Eltern in Verbindung stehen. Vielleicht haben sie keine Ohren für die Fragen der Kinder, weil die Fragen manchmal verschlüsselt und nicht so leicht als »Körperfragen« erkennbar sind. Vielleicht verhindern die Eltern auch unbewusst, dass die Kinder fragen, weil auch sonst nicht über Sexualität und Körperlichkeit gesprochen wird. Eltern können das prüfen, indem sie sich zum Beispiel fragen: Benennen wir beim Waschen alle Körperteile, nur die Geschlechtsteile nicht? Geben wir dem Kind zu verstehen, dass es sich nicht am Pimmel oder am Kitzler berühren darf? Signalisieren wir unserem Kind, dass es uns mit sexuellen Fragen nicht kommen kann? Gehen wir nicht darauf ein? Werfen wir ihm strafende Blicke zu? Machen wir uns lustig über seine Probleme?

Wenn das so ist, tun Kinder gut daran, keine Fragen zu stellen. Sie schützen sich selbst, wenn sie ihren »Antennen« trauen, die ihnen signalisieren: »Frag mal lieber nicht.«

Kinder und Jugendliche stellen Fragen, wenn sie Vertrauen haben, wenn sie wissen, dass sie ernst genommen, nicht ausgelacht und nicht runtergeputzt werden. Wo eine vertrauensvolle Atmosphäre fehlt, bleibt auch die Sexualaufklärung auf der Strecke. Und umgekehrt gilt: Wo Vertrauen besteht, kann auch über Themen gesprochen werden, bei denen man besonders verletzbar ist. Das belegt auch die Studie »Jugendsexualität« der Bundeszentrale für gesundheitliche Aufklärung:

Mädchen, die angeben, von ihren Eltern vollkommen ernst genommen zu werden, werden zu 83 Prozent von den Eltern aufgeklärt. Bei Jungen sind es immerhin 70 Prozent. Mädchen, die die Frage, ob sie zu Hause ernst genommen werden, mit »neutral« oder negativ beantworten, werden zu 58 Prozent von den Eltern aufgeklärt, Jungen zu 53 Prozent.[83]

Ein weiteres Ergebnis dieser Studie: Es gibt kulturelle Unterschiede.

Jugendliche aus Migrantenfamilien nennen ihre Eltern weit weniger häufig als Vertrauenspersonen für sexuelle Themen als deutsche Jugendliche. 40 Prozent der muslimischen Mädchen, die ihr Verhältnis zur Religion als »eng« bezeichnen, berichten, keine Vertrauensperson für sexuelle Fragen zu haben.

Kindern Vertrauen entgegenzubringen, bedeutet, sie zu respektieren mit ihren Fragen, Wünschen und Gefühlen. Es bedeutet, dass Erwachsene sich nicht über ernst gemeinte Fragen oder Bekenntnisse lustig machen und die Kinder nicht auslachen, wenn sie etwas nicht wissen oder scheinbar falsch einordnen. Es wirkt auch nicht vertrauensbildend, wenn Erwachsene sexuelle Themen, die die Kinder ansprechen, mit Schweigen oder gar Drohungen beantworten. Das ist im Gegenteil der sicherste Weg, den offenen Kontakt zu versperren. Ein Kind, das von seinem Vater in ironischem Unterton hört: »Na, bist du etwa verliebt?«, wird sich verständlicherweise andere Personen aussuchen, mit denen es über seine empfindsamsten Gefühle sprechen möchte.

Grundvoraussetzung dafür, dass Kinder sich aufgehoben und respektiert fühlen, ist ein sensibles Gespür für Worte und Zwischentöne und für Verletzlichkeiten.

Wenn Erwachsene mitbekommen, dass ihre Kinder zum ersten Mal verliebt sind, ist es gut, sich an die eigene erste Verliebtheit zu erinnern und daran, wie wichtig es einem war, nicht ausgelacht und nicht ausgefragt zu werden. Vielleicht werden die Kinder gar nicht mit ihnen darüber sprechen und das sollte selbstverständlich auch möglich sein, ohne dass Eltern sich gekränkt fühlen. Wenn die Kinder und Jugendlichen auch nicht über ihre Wünsche und Sehnsüchte reden, so werden sie doch den Rat der Eltern suchen, wenn sie beispielsweise etwas beunruhigt oder traurig macht. Aids oder eine mögliche Schwangerschaft können solche Themen sein, aber vielleicht auch Liebeskummer.

»Ohne Vertrauen kann keine Gesellschaft leben.«

Dieser Satz des Jesuitenpaters und ehemaligen Leiters des Berliner Canisius-Kollegs Pater Klaus Mertes ist vor allem bezogen auf asymmetrische Verhältnisse. Kinder sind darauf angewiesen, zu vertrauen und den Erwachsenen, denen sie anvertraut sind, einen Vertrauensvorschuss zu geben – unbewusst und einseitig. Vertrauen in diesen asymmetrischen Beziehungen kann niemals durch Kontrolle ersetzt werden.[84]

In Einrichtungen wie Schulen oder Kindergärten lässt sich leicht festellen, ob Kinder auch den Erwachsenen vertrauen. Nämlich indem man sie fragt, an wen sie sich mit persönlichen Problemen wenden würden. »Würdest du dich eher nur an Gleichaltrige wenden oder gingst du mit deinen Problemen zur Erzieherin oder Heimleiterin?«[85]

Urvertrauen ist die Grundlage

Für Babys im ersten Lebensjahr ist es elementar wichtig, dass die Eltern ihre Bedürfnisse nach Berührung, nach Nähe und Zuwendung befriedigen. Die Babys brauchen das Wechselspiel mit den Eltern, die Antwort auf ihre Bedürfnisse, die sie durch Laute, Schreien oder Lächeln zum Ausdruck bringen. So können sie ein grundsätzliches Vertrauen entwickeln. Das Kind lernt: Meine elementaren Bedürfnisse – und zu denen zählt die körperliche Zuwendung – werden befriedigt, ich muss nicht darum betteln und der Zuwendung nicht hinterherlaufen.

Wenn Eltern ihr Kind auch körperlich annehmen, erfährt es Bestätigung, dass es richtig ist und auch richtig in der Welt ist. Das »Urvertrauen« ist ein elementarer Baustein für die Ausbildung von Selbstvertrauen! Nur wenn der Mensch in den ersten Lebensjahren die Grunderfahrung macht, dass seine Bedürfnisse nach Zuwendung und Geborgenheit, Schutz, Pflege und Ernährung mit aller Selbstverständlichkeit befriedigt werden, kann er dieses Urvertrauen ausbilden. Nur so lernt er abzuschätzen, wem er in welchen Situationen vertrauen kann.[86]

Kinder erfahren Selbstwirksamkeit, wenn sie etwas bewirken können

Selbstvertrauen können Kinder entwickeln, indem man Vertrauen in sie setzt. Eltern, die selber eher ängstlich sind, denen vielleicht als Kind selbst wenig zugetraut wurde oder die Angst machenden Situationen schutzlos ausgeliefert waren, werden mit größerer Wahrscheinlichkeit auch ihr Kind ängstlich behandeln und ihm vielleicht weniger zutrauen. Eltern, die nicht genau hinschauen, werden ihr Kind vielleicht in es überfordernde

Situationen bringen, aus denen es nur den Schluss ziehen kann: »Ich kann das nicht.« Oder: »Ich kann meinen Eltern nicht vertrauen.« Wichtig für die Beurteilung folgender Situationen ist es, seine eigene Haltung, seine eigene Ängstlichkeit oder auch den eigenen Leichtsinn zu erkennen, ebenso wie die Fähigkeiten und Eigenheiten des Kindes zu beobachten und einzuschätzen: Was kann das Kind? Was kann ich ihm zutrauen?

Das kann heißen, dass ich einem Eineinhalbjährigen zutraue, dass er alleine aus der Tasse trinken kann. Die Dreijährige darf ihre Kleidungsstücke selbst aussuchen und sich dann alleine anziehen. Eine Sechsjährige darf alleine ihren Freund, der gegenüber wohnt, besuchen. Wir können die Kinder ermutigen, auf einer Mauer zu balancieren, indem wir es ihnen zutrauen und sagen »Du kannst das schon.« Wir können sie loben, wenn sie ein schönes Bild gemalt haben oder sich die Schuhe alleine zugebunden haben.

Das Kind lernt dadurch, dass es von seinen Eltern bestärkt wird. Es erfährt, dass es auf das Geschehen selbst einwirken kann. Kinder müssen sich ausprobieren und Erwachsene sollten sich überlegen, welche Einwirkungsräume sie den Kindern zur Verfügung stellen können. Das gilt ebenso für körperliche Erkundungen. So können Kinder Vertrauen in die eigenen Fähigkeiten entwickeln und ein Bild von sich selbst bekommen. »Selbstwirksamkeit durch Erfahrungslernen«, nennt dies die Pädagogin Christa Wanzeck-Sielert.[87]

In der Pubertät ist schon viel gelaufen, aber noch längst nicht alles

Kleine Kinder fragen neugierig und unbefangen, wenn Erwachsene das nicht unterbinden. Sie stellen vielleicht eine Frage und dann wenden sie sich wieder ihrem Spiel zu. Wenn sie über sich selbst und ihren Körper nachdenken, so sind sie interessiert daran, warum er so ist, wie er ist. Wie die Körperteile heißen, wie sie funktionieren und wie sie aussehen. Sie sind neugierig und wollen sich ausprobieren. Erwachsene Sexualität ist für sie weit weg und liegt nicht in ihrem Vorstellungsbereich. Jugendliche sind schon näher dran. Sie interessieren sich dafür, weil sie erwachsene Sexualität mit sich in Zusammenhang bringen. Sie denken darüber nach, was sie können »müssen« und was auf sie in naher Zukunft zukommen wird.

In der Studie der Bundeszentrale für gesundheitliche Aufklärung zur Jugendsexualität wird deutlich, wie wichtig es ist, Sexualerziehung als kontinuierlichen Prozess zu begreifen. Einerseits wird Körperlichkeit so zu einem Thema, das zum Leben dazugehört, auf der anderen Seite kommen Erklärungen nicht erst, wenn die Kinder bereits sexuelle Erfahrungen gemacht haben und keine Belehrungen der Eltern mehr möchten.

Denn, so zeigen die Ergebnisse: Die allerwenigsten Mädchen und Jungen informierten ihre Mutter oder ihren Vater vorher über ihr »erstes Mal«. Das Thema Verhütung erst aus akutem Anlass zu besprechen, macht daher wenig Sinn.[88]

> »Ich glaube, dass die Kinder ihre Fragen manchmal erst formulieren, wenn sie schon Erfahrungen haben. Darauf möchte ich nicht warten. Ich bin der Meinung, dass die Kinder das, was sie nicht verstehen, erst mal wieder weglegen. Entweder fragen sie weiter oder sie wollen beim nächsten Mal mehr wissen. Wenn ich von mir aus das Thema Sexualität anspreche, dann ist es für die Kinder vielleicht auch nicht mehr so ein Angang, ihre Fragen zu stellen.«
> Maria B., 42 Jahre, zwei Kinder

Obwohl sich das Verhältnis zwischen Eltern und Kindern in der Pubertät verändert, sollten Eltern sich nicht einfach zurückziehen. In der Pubertät ist es wichtig, als Vertrauensperson ansprechbar zu bleiben und bereit zu sein, wenn spontan Fragen kommen.

Die Jugendlichen machen neue Erfahrungen mit ihrem Körper und körperliche Erfahrungen mit anderen. Für Eltern ist es ein Balanceakt zwischen respektvollem Abstand und Offenheit für Fragen. Wenn Eltern unsicher sind, was ein angemessenes Verhalten ist, können sie mit ihren Kindern Absprachen darüber treffen. Zum Beispiel anzuklopfen, wenn Eltern ins Zimmer der Kinder kommen. So spüren die Kinder, dass die Erwachsenen sich respektvoll verhalten möchten, und gleichzeitig legen sie deren Zurückhaltung nicht als Desinteresse aus.

Wenn Eltern das Gefühl haben, dass ihre Kinder mehr über Sexualität wissen möchten, es ihnen aber unangenehm ist, mit ihren Eltern darüber zu reden, können sie ihnen durchaus ein Aufklärungsbuch schenken. Damit signalisieren sie: »Ich weiß, dass du etwas wissen möchtest, aber vielleicht nicht unbedingt von mir, und das respektiere ich.« Ein Gesprächsangebot und ein Gefühl dafür, wann die Kinder etwas möchten oder brauchen, können helfen, den richtigen Abstand zu wahren und gleichzeitig die richtige Begleitung anzubieten.

> »Das Gespür, das ich dafür brauche, um zu merken, was ich wann meinem Kind erzähle, das nimmt mir keiner ab. Das ist bei anderen Themen nicht anders, dass ich mitkiegen muss, wann ich meinem Kind auf den Geist gehe.«
> Viktor H., 44 Jahre, zwei Kinder

Sexualerziehung setzt Vertrauen voraus

Jemandem seine verletzlichen Seiten zu zeigen, dem man nicht vertraut, wäre selbstzerstörerisch. Es ist nur vernünfig, dies nicht zu tun.

Folgt man den Befragungen der Bundeszentrale für gesundheitliche Aufklärung, sind die Hauptaufklärungspersonen für die Jungen die Lehrerin (45 Prozent) und die Mutter (44 Prozent). Der Vater als Aufklärer tritt nicht so häufig in Erscheinung (bei 37 Prozent der deutschen Jungen, bei 22 Prozent der Jungen mit Migrationshintergrund). Das heißt nicht, dass der Vater nicht immens wichtig wäre für diese Rolle. Und so langsam holt er – im Vergleich zu Vorjahresbefragungen – auch auf.

Sensibel nehmen Jugendliche die Linie zwischen Kontrolle und Vertrauen wahr. Von ihren Eltern wünschen sie sich Aufmerksamkeit und Orientierungshilfen:

> »Wenn meine Eltern mich dauernd kontrollieren, habe ich das Gefühl, dass sie mir nicht vertrauen.«
> Jana, 14 Jahre alt

> »Wenn Eltern einen alles machen lassen und nicht mehr fragen, dann meint man, sie interessieren sich nicht für einen. Aber sie sollten das Fragen auch nicht übertreiben. Wenn ich ihnen etwas erzähle, sollten sie das nicht weitersagen. Und sie sollten nicht zu viele Fragen stellen. Das wirkt dann wie Kontrolle und dann erzählt man ihnen gar nichts mehr."
> Sina, 13 Jahre

> »Die Eltern sollten uns unsere eigenen Erfahrungen machen lassen und uns nicht zu stark kontrollieren. Aber wenn wir uns respektlos benehmen, sollten sie uns das nicht durchgehen lassen. Sie sollten uns vor Drogen und Alkohol schützen. Ich fände es gut, wenn sie abwarten, bis wir zu ihnen kommen.

Man sollte mit seinen Eltern über alles reden können, wenn man es selber will.«
Rahel, 13 Jahre

9. Die Kinder ernst nehmen

Grenzen respektieren – Kinder sind ganze Menschen

> »Respekt gegenüber Erwachsenen ist schwer einzuhalten ist, vor allem, wenn es nicht auf Gegenseitigkeit beruht.«
> Annika, 14 Jahre

Kinder und Jugendliche sind sich sehr einig, wenn man mit ihnen über Respekt spricht: »Erwachsene haben oft keinen Respekt vor den Jugendlichen«, hat der fünfzehnjährige Philipp erfahren. »Respekt ist für mich ein beiderseitiges Verständnis, wo beide auch die Meinung des anderen respektieren«, findet die zwölfjährige Sina.[89]

Jeder Mensch ist anders, als wir selbst und auch anders als wir ihn vielleicht gerne hätten. Das betrifft auch unsere Kinder. Sie haben eine andere Meinung, sie regeln Dinge anders, sie sind vielleicht nicht so gut in der Schule, wie wir uns das vorstellen, sie haben nicht dieselben Vorlieben wie wir. Für manche Eltern ist es eine bittere Erkenntnis, dass ihr Sohn ganz andere Musik liebt als sie selbst oder dass die Tochter die elterlichen Träume von der Ballett-Karriere nicht erfüllen mag.

Umso wichtiger ist es, dass wir uns klarmachen: Es geht darum, die Kinder anzunehmen, wie sie sind. Wer den Kindern immer wieder vermittelt, dass er sie gerne anders hätte, besser in der Schule, ruhiger zu Hause oder auch lebhafter, sportlicher oder schlanker, und sie gleichzeitig wegen aller Verhaltensweisen und Eigenschaften, die ihm nicht gefallen, herunterputzt, der darf sich nicht wundern, dass die Kinder kein Selbstvertrauen haben und ständig mit dem Gefühl leben: An mir stimmt etwas nicht. Ich bin falsch. Ein schreckliches Gefühl, das verunsichert und sehr traurig macht. Diese Traurigkeit können Kinder selten offen zeigen. Häufig verstecken sie sie hinter verschlossenem oder aggressivem Verhalten. Kinder müssen nicht durch Erziehung nach unseren Vorstellungen zurechtgebogen werden. Von Geburt an sind sie eigene Lebewesen und verdienen Respekt.

> »Kinder werden nicht erst zu Menschen, sie sind bereits welche.«
> Janusz Korczak, polnischer Arzt und Pädagoge

Kinder zeigen ihre Grenzen

> »Eine Offenheit für Themen der Sexualität und Macht im konkreten Leben und im alltäglichen wie fachlichen Denken ist der Generalschlüssel für einen grenzwahrenden Umgang mit Kindern.«[90]
> Margret Dörr, Soziologin

Beim Thema Missbrauch geht es immer um Grenzen beziehungsweise Grenzüberschreitung. Umso wichtiger ist es, sich mit Grenzen zu befassen und zu reflektieren: Wie gehen wir in der Familie mit persönlichen Grenzen der Kinder, der Erwachsenen, anderer Personen um?

Das »Küsschen für die Oma« ist ein klassisches Beispiel: Kinder haben ein Gespür dafür, wie viel körperliche Nähe sie möchten und mit wem. Wenn Kinder Omas Schlabberküsse nicht mögen und dem Onkel Sam nicht die Hand geben wollen, dann ist das okay. Und Erwachsene sollten den Impuls der Kinder, sich bestimmten Menschen körperlich nicht so zu nähern, wie diese es vielleicht möchten, immer akzeptieren und sie gegebenenfalls gegenüber der enttäuschten Oma in Schutz nehmen. Es ist ein Akt der Selbstbestimmung, eine gute und wichtige Übung, »Nein« zu sagen.

Kinder zeigen ihre Grenzen auf vielfältige Weise. Wenn Erwachsene dafür sensibel sind, werden sie sie unschwer wahrnehmen. Sie können natürlich mit ihrem fünfjährigen Sohn ins Gespräch kommen, der die von den Eltern sorgfältig ausgesuchten Babysitterinnen nicht akzeptiert. Was ist der Grund? Gehen die Damen über die kindlichen Grenzen hinweg oder ist es das Machtspiel des Jungen, der auf jeden Fall erreichen möchte, dass die Eltern ihn zu jeder Zeit persönlich betreuen und ihm jeden Wunsch von den Augen ablesen? Auf jeden Fall sollte auch ein solches »Nein« Anlass sein, genauer hinzuschauen und die Situation zu klären.

Kinder spüren sehr genau, wenn ihnen ein Gespräch oder eine Situation unangenehm ist.

> »Als meine Tochter klein war, wollte sie, dass wir nachts die Türen ihres und unseres Schlafzimmers auflassen. Das haben wir auch immer so gemacht. Sie schlief so fest, dass sie nie durch uns wach geworden ist. Irgendwann kam sie zu mir und sagte: ›Mama, wenn ihr miteinander Sex macht, könntet ihr nicht die Türe zumachen, ich wache jedes Mal auf.‹
> Ingrid W., 44 Jahre, ein Kind

> »Ich möchte nicht, dass Eltern mich nach meiner Sexualität fragen. Die machen das nur lächerlich. Ich kümmere mich doch auch nicht darum, was meine Eltern im Bett machen.«
> Lino, 14 Jahre

Kinder möchten mit der Sexualität ihrer Eltern nichts zu tun haben, umgekehrt möchten sie mit ihnen auch nicht ihre sexuellen

Erlebnisse und häufig auch nicht ihre erste Verliebtheit besprechen.

»Wenn ich in einen Jungen verliebt bin, würde ich nicht zu meinem Vater gehen und ihm davon erzählen.«
Lea, 14 Jahre

»Wenn ich meinen zwölfjährigen Sohn Martin frage, wer von seinen Freunden schon eine Freundin hat, dann sagt er ganz selbstverständlich: ›Das ist Privatsache‹.«
Heike S., 42 Jahre, zwei Kinder

In der Pubertät verändern sich Grenzen

Manche Mädchen und Jungen kommen schon mit neun oder zehn Jahren in die Pubertät. Die körperlichen Veränderungen der Jugendlichen werden natürlich auch von der Umgebung wahrgenommen. Manche Eltern machen Anspielungen: »Hier riecht es ja wie im Zoo. Du musst unbedingt duschen gehen.« Andere Eltern reden untereinander darüber, manchmal so, dass es die Kinder mitbekommen: »Hast du gesehen, sie bekommt einen Busen ...« Ob über die Veränderungen gesprochen wird oder nicht: Sie sind offensichtlich und haben eine Wirkung. Viele Jugendliche wollen sich nicht mehr ungeniert nackt zeigen. Die Badezimmertür wird verriegelt.

Eltern fragen sich, wie sie mit einem Jugendlichen umgehen sollen, der auf dem Weg ist, auch körperlich erwachsen zu werden. Sie sind unsicher, was sie noch etwas angeht und was nicht mehr.

Was Jugendliche nicht wollen

Ganz eindeutig wollen Jugendliche nicht, dass ihre Eltern erfahren, wenn sie sich über Sexualität informieren oder sich Pornos anschauen. Das ist heute so und in der Generation der heutigen Eltern war es nicht anders.

»Eltern bekommen nicht mit, was wir am Computer machen und ob wir dort einen Comic anschauen oder einen Porno. Wenn sie das erfahren würden, dann wäre es die peinlichste Erfahrung des Lebens.«
Thomas, 17 Jahre

»Als Sechzehnjähriger habe ich mir mal ein Pornoheft gekauft. Irgendwann hat meine Mutter es in meinem Zimmer gefunden. Als ich aus der Schule nach Hause kam, hat sie kein Wort mit mir geredet und ich wusste nicht, warum. Als ich dann in mein Zimmer kam und das Heft auf meinem Bett liegen sah, war mir klar, was passiert war. Sie hat wahrscheinlich gedacht, ihr Sohn kommt völlig vom Weg ab und hat ein ganz schreckliches Frauenbild. Mir wär es lieber gewesen, wenn sie überhaupt nicht reagiert hätte.«
Tim, 43 Jahre, zwei Kinder

»Eltern sollten ihre Kinder nicht darauf ansprechen, wenn sie mitbekommen, dass die sich Pornos anschauen.«
Luisa, 17 Jahre

»Mütter sollten kein Taschentuch unters Kopfkissen legen. Damit meine ich: Sie sollten sich nicht so positionieren, dass die Kinder das Gefühl haben: ›Die wissen, was ich tue.‹ Kinder finden es ganz unangenehm, wenn sie das Gefühl haben: ›Meine Eltern wissen über meine Phantasien Bescheid.‹«
Jonathan R., 41 Jahre, ein Kind

Für Jugendliche gilt ganz klar, dass sie sich nun abgrenzen wollen und auch müssen.

> »Es sollte nicht alles unter dem wohlwollenden Blick der Eltern stattfinden. Dann können Jugendliche sich über ihre Sexualität von ihren Eltern kaum noch abgrenzen. Wir hatten ja noch gedacht: ›Die tun das ja nicht mehr.‹ Heute wissen die Jugendlichen, dass die Eltern das auch noch tun.«[91]
> Rainer Neutzling, Soziologe

Scham ist ein guter Schutz

Scham bedeutet auch Schutz. Jugendliche, die sich schämen, sich anderen gegenüber nackt zu zeigen, wollen sich schützen. Nicht alle haben dieses Bedürfnis, aber wenn sie es haben, sollten Erwachsene es respektieren. Scham ist universell. Auch bei Naturvölkern, deren Mitglieder nackt herumlaufen, gibt es feste Regeln: Eine Bemalung, ein Schmuckstück, eine Maske können symbolische Kleidung sein.

Im alten Griechenland traten die Olympiakämpfer nackt zu den Spielen an. Doch das taten sie nur vor ihren Geschlechtsgenossen. Frauen waren im Stadion nicht zugelassen. Auch wir kennen Schamgefühle, wenn wir uns scheinbar »locker« in die Sauna oder an den FKK-Strand begeben. Viele empfinden es als sehr unangenehm, wenn sie spüren, dass sie jemand besonders lange anschaut.

Wir haben nicht alle genau die gleiche Schamgrenze. Scham ist geschlechtsspezifisch, kulturabhängig und individuell, je nachdem, wie jemand aufgewachsen ist. Die Diplom-Psychologin Bettina Schuhrke und ihre Mitarbeiterinnen haben die unterschiedliche Schamhaftigkeit von Jungen und Mädchen untersucht. Die Forscherinnen befragten 41 Familien mit Kindern zwischen vier und neun Jahren.[92]

Sie fanden heraus, dass Jungen sich mehr vor Mädchen und Frauen schämen, als dies Mädchen tun. Aber Jungen schämen sich auch vor männlichen Personen, und zwar in gleicher Weise wie Mädchen. Und Jungen schämen sich früher vor ihren Müttern als vor ihren Vätern. Das ist umgekehrt bei Mädchen nur andeutungsweise der Fall.

Die Autorinnen sehen zwei Ursachen für die größere Schamhaftigkeit der Jungen gegenüber weiblichen Personen: Ein Grund sei die dominante Stellung der Mütter in der Erziehung. Wenn Jungen in die männliche Geschlechtsrolle hineinwachsen, müssen sie sich irgendwann gegen Personen weiblichen Geschlechts und von einem typisch weiblichen Rollenverhalten abgrenzen. Im Gegensatz zu Mädchen werden Jungen hauptsächlich von Personen desjenigen Geschlechts betreut, auf das später in der Regel ihre sexuelle Orientierung gerichtet sein soll. Gleichzeitig soll sexuelle Erregung aus allen familiären und kindlichen Abhängigkeitsbeziehungen herausgehalten werden.

Das bedeutet, die Scham dient den Jungen zu einer notwendigen Abgrenzung von der Mutter. Das könnte sich wandeln, wenn die Väter eine präsentere Rolle in der Erziehung einnähmen.

Einen Grund dafür, dass Jungen sich gegenüber Personen männlichen Geschlechts schämen, sehen die Autorinnen in der größeren Berührungsscheu männlicher Personen in unserer Gesellschaft. Umarmungen und Zärtlichkeiten werden unter Männern und Jungen nicht so selbstverständlich ausgetauscht wie unter Frauen und Mädchen.

Die unterschiedliche Anatomie von Jungen und Mädchen könnte ebenfalls ein Grund für die größere Scham der Jungen sein: Befragte Eltern vermuten, dass Jungen sich mehr schämen, weil sie mehr zu verbergen haben.

Oft unbewusst wird Jungen in der Erziehung signalisiert, dass sie stark sein müssen. Stark und weich zugleich. Das verunsichert sie und macht es ihnen schwerer, sich verletzlich zu zeigen. Mädchen hingegen gelten als schutzbedürtiger, weil sie eher Opfer von Übergriffen werden. Bettina Schuhrke hat herausgefunden, dass eine Reihe von Eltern Schamhaftigkeit für Mädchen wichtiger findet, und zwar als Selbstschutz.

Schon Babys schämen sich

Auf der ganzen Welt ist Scham an den gleichen Merkmalen zu erkennen. Menschen brechen den Blickkontakt ab, sie senken die Augen, laufen rot an, sie schlagen die Hände vor das Gesicht und wenden sich ab.

Schon in der Bibel, im Paradies, ist von Scham die Rede: Adam und Eva schämten sich ihrer Nacktheit, nachdem sie eine Frucht vom Baum der Erkenntnis gegessen hatten. Das würde bedeuten, dass Scham eine intellektuelle Fähigkeit voraussetzt.

Wahrscheinlich ist das nicht so. Heutige Säuglingsforscher gehen davon aus, dass Scham von Anfang an zum Menschen dazugehört. Die »Achtmonats-Angst« von Säuglingen, das »Fremdeln«, gilt als eines der ersten deutlichen Anzeichen von Scham. Denn das Baby unterbricht »beschämt« den Blickkontakt zu der fremden Person und wendet sich ab. Manche Forscher vermuten, dass dahinter die Angst steht, die Mutter zu verlieren.

Schuhrke und ihre Kolleginnen finden auch deutliche Anzeichen von Schamgefühlen bei Kindern zwischen drei und fünf Jahren. Und Kinder im Alter von sieben Jahren verfügen alle über ein Schamgefühl.

Man kann beobachten, dass Kinder, je älter sie werden, mehr verschiedenartige Anzeichen für Scham zeigen. Dies bedeutet, dass die kindliche Fähigkeit zur Vermeidung und Bewältigung von Schamsituationen ebenso steigt wie die gefühlsmäßige Betroffenheit.

Die Kehrseite von Scham

Körperscham ist sinnvoll und nützlich. Seelisch übergriffig ist es, wenn Erwachsene bei Kindern ganz bewusst Scham erzeugen. Der Psychoanalytiker Wolfgang Mertens bezeichnet Scham als das »maligneste Erziehungsmittel« neben Kindesmisshandlung. Eltern, die zum Beispiel mit Ekel auf die Ausscheidungen von Mädchen reagieren, erzeugen einen frühen Ekel und Schamgefühle, die sich auf die gesamte eigene »untere Körperregion« beziehen. Bei erwachsenen Frauen hat das nicht selten ein lebenslanges Schamgefühl hinsichtlich ihrer eigenen Genitalien zur Folge.[93]

Die Männerforscher Schnack und Neutzling machen auf eine andere Art von Schamerzeugung aufmerksam: Sie berichten von einem Mann, dessen Mutter wohlwollende Bemerkungen machte, wenn er als kleiner Junge masturbiert hat. Irgendwann hat er gehört, wie sie einer Frau erzählt hat, dass er sich selbst befriedige. Wenn er heute masturbiere, habe er Probleme. Es ist schwierig, »die Hand meiner Mutter von meinem Schwanz zu verjagen«.[94] Die Mutter hat sich in etwas eingemischt und etwas öffentlich gemacht, das sie schlicht nichts angeht. Folge ist die Scham vor der Mutter, ohne dass die Mutter real anwesend ist.

Wie viel Sexualerziehung geht in der Pubertät

Elterliche Aufklärung und Pubertät passen erst mal gar nicht zusammen. Die Jugendlichen wollen ihre intimen Gefühle und Gedanken nicht mit den Eltern teilen. Dafür wählen sie Gleichaltrige, die gerade dasselbe erleben wie sie selbst, die näher dran sind und sie verstehen. Die Eltern spüren, dass die Jugendlichen auf Abstand gehen, und manche Eltern ziehen sich zurück. Väter werden unsicher, was sie ihre sich entwickelnde Tochter fragen dürfen und ob sie sie noch einladen können, auf ihrem Schoß zu sitzen. Mütter schauen wohlweislich über Flecken auf dem Bettlaken hinweg und machen sie auch nicht zum Thema.

Andererseits wohnen diese Eltern mit den Jugendlichen zusammen und sind in der Nähe. Sie könnten ihnen helfen, Erlebnisse, die sie verwirren und die ihnen im Alltag begegnen, einzuordnen. Was bedeutet die Anspielung des Busfahrers, ein Mädchen könne doch mal nett zu ihm sein? Was macht man mit dem Sexvideo, das einem jemand ungefragt auf das Handy gespielt hat? Was haben Pornoseiten im Internet mit der Realität zu tun? Was ist, wenn man die Pille vergessen hat?

Jugendliche erhalten viele Informaionen über Sexualität und wissen oft nicht, wie sie sie filtern und bewerten sollen. Sie könnten gut Hilfestellung gebrauchen bei ihren Fragen: Ist die Liebe in der Realität so wie im Film? Was muss ich überhaupt machen, um in der Welt der Erwachsenen zu bestehen? Gibt es eine Anleitung für körperliche Liebe, die man beachten muss? Bin ich normal? Bin ich gut so, wie ich bin?

Sich bereithalten

Auf der anderen Seite merken die Eltern, dass ihr Einfluss schwindet. Sie fragen sich, ob sie den Kindern die wichtigen Voraussetzungen mitgegeben haben, um bei ihren ersten sexuellen Erlebnissen zurechtzukommen: Ist mein Kind genügend aufgeklärt? Weiß es über Verhütung Bescheid? Ist es stark genug, um nicht gegen seinen Willen in sexuelle Abenteuer zu geraten?

Diese Fragen sind manchmal nicht eindeutig mit Ja oder Nein zu beantworten, aber es ist hilfreich zu schauen, wie verlässlich und verantwortlich und selbstbewusst sie ihr Kind erleben. Sie können ihrem Kind leichter vertrauen, wenn sie auch in anderen Lebensbereichen die Erfahrung gemacht haben, dass sie ihm glauben können. Wenn sie wissen, es wird nichts riskieren, das es nicht überschauen kann, sich nicht überreden lassen zu etwas, das es gar nicht möchte, ist das eine gute Basis. Vertrauen schenken heißt Selbstvertrauen stärken.

Eltern hilft es, sich an die eigene erste Liebe zu erinnern, daran, wie sie selbst vor Peinlichkeit im Boden versunken sind, wenn ihre Eltern nicht mitbekommen sollten, dass sie verknallt waren, und dann trotzdem den Liebesbrief entdeckt haben.

Die Grenzen der Erwachsenen

Auch Eltern haben Grenzen und das ist gut so. Eltern müssen nicht alles erlauben oder geschehen lassen, wenn sich in ihrem Inneren alles dagegen sträubt. Es ist gut, wenn sie sich ihrer Grenzen bewusst sind: Was sind meine Abneigungen und meine Bedenken und warum habe ich sie? Dann können sie mit den Kindern darüber sprechen und gemeinsam einen Weg suchen, in dem auch ihre Bedenken Berücksichtigung finden. Manche Eltern sagen zum Beispiel: »Ich möchte nicht, dass die vierzehnjährige Freundin meines Sohnes den halben Tag mit ihm auf seinem Zimmer zubringt.« Oder: »Meine vierzehnjährige Tochter soll nicht bis zwei Uhr nachts auf einer Party bleiben, besonders, wenn ich die Leute nicht kenne.« Eltern müssen sich nicht verbiegen, um modern und locker zu wirken. Ein solcher Konflikt kann dazu anregen, die eigene

Hemmschwelle zu hinterfragen: Hat das mit mir und meinen Vorerfahrungen zu tun oder mit meinem Kind und der aktuellen Situation? Und: Können wir darüber ins Gespräch kommen? Ist es letztendlich für meine Tochter entlastend, wenn sie Grenzen gesteckt bekommt?

Auch bezüglich ihrer eigenen Intimität haben Eltern Grenzen und Kinder lernen daraus: Man darf Grenzen haben. Indem Eltern ihre Grenzen zeigen, sind sie gleichzeitig Modell für die Kinder.

> »Meine Tochter hat mich mal gefragt, wann mein Mann und ich das letzte Mal miteinander geschlafen hätten. Ich war etwas perplex und habe ihr das Datum genannt. Aber eigentlich wollte ich nicht, dass sie sich das so konkret vorstellt. Wenn das noch einmal vorkommt, werde ich sagen: »Das ist Privatsache.«
> Hannah L., 42 Jahre, zwei Kinder

> »Ich würde meinen Sohn jetzt nicht aktiv darüber aufklären, was für mich Lust ist.«
> Mathilda, 35 Jahre, ein Kind

> »Ich gehöre nicht zu den Müttern, die den Kindern zeigen, wie sie die Tampons einführen, oder die die Töchter mit zum Frauenarzt nehmen. Das ist nicht meine Sache.«
> Vera N., 41 Jahre, zwei Kinder

Die Beachtung der eigenen Grenzen ist genauso wichtig wie der Respekt vor den Grenzen der Kinder. Kinder bemerken die elterlichen »Verbiegungen« sowieso. »Vielleicht«, so vermutet die neunjährige Simone, »ist es so peinlich, mit den Eltern über Aufklärung zu sprechen, weil es denen peinlich ist. Meine Mutter, die spricht dann immer so komisch, und dann muss ich lachen.«

Eltern möchten auch nicht, dass ihre Kinder dabei sind, wenn sie selber Sex haben. Diese Scham schützt Eltern und Kinder. Denn eins ist klar: Kinder wollen mit dem Geschlechtsverkehr der Eltern nichts zu tun haben und Eltern wollen keine Vorführungen geben. 73 von 75 Eltern sind dagegen, dass die Kinder den Geschlechtsverkehr miterleben. Sie akzeptieren höchstens, wenn die Kinder zufällig in die Situation hineinplatzen oder wenn sie bestimmte Bewegungen unter der Bettdecke mitbekommen.[95]

Gesetzliche Grenzen

Früher gab es den Kuppelei-Paragraphen, und der entlastete manche Eltern, denn er legte ganz klar fest: Wer minderjährige Jungen und Mädchen gemeinsam bei sich übernachten lässt, der macht sich strafbar.

»Können wir das zulassen, wenn unser fünfzehnjähriger Sohn seine vierzehnjährige Freundin zum Übernachten einlädt?«, fragen sich manche Eltern und hoffen auf eine übergeordnete Instanz, die ihnen eine Entscheidungshilfe gibt. Aber: Den Kuppelei-Paragraphen gibt es nicht mehr. Eltern müssen selber entscheiden. Oft hilft ein Gespräch mit den Kindern. Auf die Frage: »Wie ist es für dich? Würde es dir helfen, wenn deine Freundin erst mal in einem anderen Zimmer übernachtet?«, reagieren manche Kinder erstaunlich erleichtert. Eltern sollten sich überlegen, was sie für sich selbst akzeptieren möchten beziehungsweise welche Konsequenzen ein Verbot haben könnte.

Jugendliche fragen immer wieder in Chats und Internetforen, ab wann Sex erlaubt ist. Sie erhoffen sich vielleicht manchmal auch eine Grenze. Und rechtlich gesehen gibt es eine:

Wenn einer der Partner unter vierzehn Jahre alt ist, darf der andere nicht vierzehn Jahre oder älter sein. Sind zum Beispiel beide vierzehn und wollen beide miteinander Sex haben, passiert strafrechtlich im Allgemeinen nichts. Ist einer der Partner unter sechzehn und der andere über einundzwanzig Jahre alt, sind sexuelle Handlungen grundsätzlich strafbar. Bei allen Partnern über sechzehn gibt es keine strafrechtlichen Konsequenzen, sofern der Sex in beiderseitigem Einverständnis geschieht.

Klare Grenzen zwischen Eltern und Kindern

Die Fragen: Was wäre mir selbst peinlich? Wofür würde ich mich schämen? Und: Wofür habe ich mich als Kind geschämt?, sind hilfreich bei der Suche nach einer angemessenen Verhaltensweise. Was darf ich? Was kann ich? Was ist hilfreich für das Kind? Und: Welches Verhalten überschreitet deutlich die Grenzen des Kindes?

Es ist wichtig, dass Eltern bemerken, wenn sie etwas nichts angeht, und dass sie den Kindern einen eigenen intimen Raum zugestehen. Und dies gilt natürlich auch schon für Babys:

> »Ein Vater hat mir erzählt, wie lustig er es findet, seinen Sohn zu wickeln. Sobald er an seinem Schwänzchen spielen würde, würde der Junge einen Steifen bekommen. Ich bin fast umgefallen. Ich will doch mein Kind nicht initiieren. Ich knuddle ihn zärtlich und blase ihm auf den Bauch, aber ich stimuliere doch nicht seinen Penis.«
> Hannah L., 45 Jahre, 3 Kinder

Kinder bewusst aus eigenem Spaß und aus Neugier sexuell zu erregen, ist ganz klar eine Grenzüberschreitung und Missbrauch. Genauso missbräuchlich verhalten sich Eltern, die es »cool« finden, wenn ihre sechsjährige Tocher am Strand nackt herumläuft, obwohl dies der Tochter unangenehm ist. Indem die Eltern ihre nackten Töchter vorzeigen, wollen sie nach außen ihre eigene »scheinbare« Freizügigkeit demonstrieren. Sie benutzen die Töchter, indem sie deren Schamgefühl ignorieren.

Die Pädagogin Ursula Neumann hat eine sinnvolle Formel gefunden, mit der sich Eltern selbst befragen können, wie sie zu ihrem Kind stehen, ob sie die Grenze zwischen Zärtlichkeit und Missbrauch nicht überschreiten:

> »Hier ist das (allerdings streng zu beachtende) Unterscheidungskriterium: In Ordnung ist jede Zärtlichkeit, die den Erwachsenen selbst weder stimuliert, noch den Zweck hat, dies zu tun. Jede Zärtlichkeit jedoch, die einen solchen Beigeschmack hat, ist zu unterlassen. Nicht die konkrete Berührung und Zärtlichkeit kann hier Maßstab sein, sondern Maßstab ist die Absicht und die Haltung dessen, der zärtlich ist.«[96]

Grenzen in der Pädagogik

Ursula Enders und Yücel Kossatz machen deutlich, dass Erwachsenen oft Grenzverletzungen passieren, die sie selbst nicht reflektieren und die sie nicht als solche empfinden. So übernehmen manche Lehrer den Kose- oder Spitznamen für einen Jugendlichen, den sie aufgeschnappt haben. Das kann nicht nur übergriffig, sondern auch sehr verletzend sein, ohne dass es dem Lehrer bewusst ist. Oder junge Pädagoginnen erscheinen im Jugendzentrum in privatem, freizügigem Outifit, bauchfrei, mit tiefem Ausschnitt, knapp geschnittener Hose, die das »Arschgeweih« sehen lässt. Oder eine Heimerzieherin trägt beim gemeinsamen Schwimmbadbesuch einen sehr freizügigen Bikini, in dem Schambehaarung und Brustwarzen sichtbar werden. Manche Trainer duschen gemeinsam mit den Jugendlichen, in Wohngruppen wird der abhanden gekommene Schlüssel der Badezimmertür nicht umgehend ersetzt. Ein Pädagoge setzt sich zum Vorlesen in der stationären Einrichtung auf die Bettkante, ein Foto eines gemeinsamen Ausflugs wird, ohne das betreffende Kind zu fragen, ins Internet gestellt.

Zufällige und unbeabsichtigte Grenzverletzungen können aber korrigiert werden. Wenn es ein Klima des Kritikübens gibt, wenn Erwachsene darauf aufmerksam werden, dass ein Verhalten als zu nah erlebt wurde, können sie sich entschuldigen – das gilt für Erzieher und Eltern. [97]

10. »Das ist mein Freund« – Sexuelle Übergriffe im Netz

Sexuelle Übergriffe im Internet – wie kann das sein?

Es klingt paradox: sexuelle Übergriffe auf Kinder am Schreibtisch. In ihrem Zimmer müssten sie doch sicher sein, da lauern doch keine Gefahren, würde man meinen. Während sie brav vor dem Computer sitzen, die Kuscheltiere schön auf dem Bett aufgereiht sind, die Eltern nebenan im Wohnzimmer plaudern, der kleine Bruder auf seinem Bett Trampolin springt, erfahren Kinder vor dem Computer Übergriffe. Cyber-Grooming nennt sich das gezielte Ansprechen von Kindern und Jugendlichen im Internet mit dem Ziel, sexuelle Kontakte anzubahnen. Und das Vertrackte: Die familiäre Idylle gibt allen doppelte Sicherheit und niemand rechnet mit dieser Gefahr.

Der Begriff Cyber-Grooming kommt von dem englischen Wort »to groom« und bedeutet wörtlich übersetzt: »Fellpflege betreiben, putzen, striegeln«, im Deutschen würde man sagen: »Internet-Streicheln.«

In Chatrooms oder sozialen Netzwerken lernt man neue »Freunde« kennen. Sie heißen Tom oder Jerry, sind vierzehn oder fünfzehn Jahre alt, sehen gut aus, sind sportlich, interessieren sich ebenso für Rap und Heavy Metal wie man selbst und finden es auch blöd, dass die anderen in der Klasse so nerven. Nach der Schule landet der Ranzen in der Ecke, direkt wird der Computer angemacht in Vorfreude darauf, dem neuen »Freund«

zu schreiben. Ihm kann man »erzählen«, wie ungerecht die Lehrer waren oder wie desinteressiert die Eltern sind. Die »Gespräche« werden immer persönlicher, der neue »Freund« erfährt Geheimnisse, die sonst niemand weiß, man kommt ihm immer näher und er versteht einen. Auch seine Fragen und Geschichten werden immer persönlicher und intimer. Man verzieht sich mit ihm in private Chaträume, in denen es keinen Moderator gibt, tauscht vielleicht E-Mail-Adressen aus, und so kann er unbeobachtet antesten, wie weit er gehen kann: »Wie siehst du nackt aus?«, »Kannst du mir mal ein Foto schicken?«, »Ich schick dir mal ein geiles Video«, »Mach mal die webcam an, du kannst sehen, wie ich mich befriedige.«

> »Man traut sich mehr und man fühlt sich sicher, und das erhöht die Gefahr.«[98]
> Dilek Atalay, klicksafe

Die Perspektive der Kinder könnte so aussehen: »Ich will den neuen »Freund« behalten und bin ja geschützt in meinem Zimmer, den Computer könnte ich jederzeit ausschalten, alles ist sicher. Komisch, dass der neue Freund ein Foto mit meiner unbekleideten Brust sehen möchte, aber es ist auch spannend, er interessiert sich für mich, ich möchte ihn nicht verlieren und es kann ja nichts passieren. Er fragt, ob ich mich selber befriedige und er dabei zusehen darf. Das möchte ich lieber nicht, er macht Druck: »Wenn du das nicht machst, stelle ich das Foto, das du mir von dir geschickt hast, ins Netz, dann sehen alle, wie du nackt aussiehst, willst du das?«

In der Realität kann es dann auch so sein: Vielleicht möchte der neue Freund mit dem Kind ins Schwimmbad gehen oder ins Café, vielleicht fragt er nach der Adresse des Kindes. Es kann auch sein, dass er wirklich erst fünfzehn ist und das Kind ihn vielleicht sogar kennt. Vielleicht will er sich mit anderen Freunden auf Kosten des

Kindes einen Spaß erlauben. Es kann auch sein, dass er 41 ist. Es kann auch sein, dass er einen realen Missbrauch vorbereitet.

> »Kinder ahnen meist nichts Böses und bekommen zunächst nicht, dass die Schamgrenzen schrittweise verschoben werden.« [99]
> Martin Müsgens, klicksafe

Täter gehen strategisch vor. Sie stellen oft nicht als Erstes eine sexuelle Frage, sondern sie erobern langsam das Vertrauen der Kinder, um dann irgendwann sexuell übergriffig zu werden – mit Worten, mit Aufforderungen, mit Bildern. Manche kommen auch direkt »zur Sache«, das ist im Internet leicht möglich, weil sie auch schnell wieder »verschwinden« können, wenn sie nicht landen. Aber das schrittweise Vorgehen, das Aufbauen eines Vertrauensverhältnisses ist das, was die Kinder neben ihrer vertrauten Umgebung, in der sie sich ja währenddessen befinden, in Sicherheit wiegt. Sie sind stolz auf den neuen »Freund« und bemerken zunächst gar nicht, dass da etwas nicht stimmt.

Es ist ähnlich wie im realen Leben: Kinder fühlen sich sicher, haben Vertrauen, kennen vielleicht den Täter als einen netten Mann oder eine nette Frau. »Es kann ja nichts passieren«, denken die meisten Kinder. Und wenn doch etwas passiert, so bewerten viele Jungen und Mädchen sexualisierte Gewalt im Netz als nicht real und bagatellisieren die von ihnen verübten oder ihnen zugefügten Gewalthandlungen als Scherz oder Spiel. Sexuell übergriffiges Verhalten wird im Internet eher als »normal« erlebt.[100]

Wie groß ist die Gefahr? – Zahlen, Fakten, Risiken

Mit den Zahlen ist es so eine Sache. Wie oft kommt so etwas denn vor? Ist es die Ausnahme oder die Regel? Der Medienpädagogische Forschungsverbund versorgt uns regelmäßig mit neuen Zahlen über das Medienverhalten der Kinder. Sechs- bis Dreizehnjährige werden in der KIM-Studie und Zwölf- bis Neunzehnjährige in der JIM-Studie erfasst.

Und daraus kann man Trends ablesen. Besonders auffällig ist der Trend bei Sechs- bis Dreizehnjährigen, soziale Netzwerke zu nutzen. Im Jahr 2008 waren es noch 16 Prozent, die zumindest einmal in der Woche Communities nutzten, 2010 hatte sich der Anteil auf 43 Prozent erhöht. Jeder Dritte der zehn- bis elfjährigen Internetnutzer hat ein Profil in einer Community, bei Zwölf- bis Dreizehnjährigen sind es schon doppelt so viele, und das, obwohl die meisten Anbieter das Anlegen eines eigenen Profils erst ab zwölf Jahren »erlauben«.

Was wollen die Kinder und Jugendlichen in den Communities? Sie wollen »Freunde« treffen, sich ihnen zeigen, natürlich von ihrer besten Seite. Sie wollen sich gut präsentieren.

Dazu haben die Wissenschaftler der KIM-Studie herausgefunden: Der Anteil der Kinder, die persönliche Daten im Internet hinterlegt haben, ist deutlich gestiegen. Er hat sich von 2008 auf 2010 verdreifacht. Bilder von Freunden und von der Familie werden sogar mehr als fünfmal so oft hinterlegt als noch zwei Jahre zuvor.[101]

> »Kinder wollen nicht anonym sein. Sie wollen erkannt werden und als Person Anerkennung bekommen.«[102]
> Christine Feil, Wissenschaftlerin am Deutschen Jugendinstitut

Lady Gaga hat bei Facebook über zehn Millionen »Freunde«, mehr als Barack Obama. Sie wird wahrscheinlich noch nicht allen persönlich die Hand geschüttelt haben. Aber auch Sechs- bis Dreizehnjährigen geht es so: Mädchen geben an, dass sie zwei Drittel aller Internetfreunde auch persönlich kennen, bei Jungen sind es nur 54 Prozent. Da sind schon einige Fremde in der Freundesliste. Und rausschmeißen aus der Liste? Das ist »asi«, erklärte mir eine Jugendliche, das macht man nicht.

Je älter die Internetnutzer sind, desto häufiger kommt es zu Begegnungen mit Internet-Bekanntschaften im realen Leben. Selbst von den Zwölf- bis Dreizehnjährigen haben sich schon elf Prozent mit einer reinen Internet-Bekanntschaft getroffen. Bei den Achtzehn- bis Neunzehnjährigen sind es 39 Prozent. 13 Prozent davon empfanden diese Treffen als unangenehm.

15 Prozent der jugendlichen Internetnutzer haben schon erlebt, dass jemand peinliche oder beleidigende Bilder oder Videos von ihnen verbreitet hat. Das passiert auch über Handys. Jeder vierte jugendliche Handybesitzer kennt jemanden, der schon einmal ein gewalttätiges oder pornographisches Video geschickt bekommen hat. Sechs Prozent davon waren selbst betroffen.[103]

»Sexting« ist das neue Wort für die private Verbreitung erotischen Bildmaterials des eigenen Körpers über MMS, Multimedia Messaging Services, oder Mobiltelefone. Das Wort kommt aus dem anglo-amerikanischen Sprachraum und ist zusammengesetzt aus »Sex« und »texting«.

Die Autoren einer europäischen Studie, durchgeführt an der London School of Economics, haben herausgefunden, dass 16 Prozent der elf- bis sechzehnjährigen deutschen Kinder bereits Nachrichten mit sexuellem Inhalt erhalten haben.[104] Das sind Statistiken. Über das einzelne Kind sagen sie zunächst wenig aus, da müssen Eltern genau hinschauen, in Kontakt gehen, nachfragen, sich informieren und den Austausch mit ihren Kindern suchen, sie begleiten, Regeln vereinbaren, ohne die

Kinder zu »verteufeln«, wenn sie einzelne Handlungen ihrer Kinder im Internet nicht billigen. Und das ist gar nicht so einfach:

Eltern fühlen sich verunsichert

Achtzig Prozent der Eltern von Kindern zwischen zwölf und fünfzehn Jahren machen sich Sorgen über die Internetnutzung ihrer Kinder.[105] Ihre Bedenken sind häufig diffus. Die Möglichkeiten, die die Medien eröffnen, die Reizüberflutung, die ungefilterten Informationen und Kontakte, alles erscheint uferlos. Es gibt zu viel, es ist zu komplex, es lässt sich nicht überschauen und schon gar nicht mehr kontrollieren. Und das geht den meisten Eltern so. Wie sollen sie ihre Kinder angemessen in die »Parallelwelt« Internet begleiten, wenn es schon in der realen Welt häufig an Zeit und Kontakt mangelt? Wie sollen sie ihnen sagen, worauf sie achten, wie sie sich verhalten sollen, wenn sich täglich neue technische Dimensionen ergeben und man gar nicht so schnell nachkommt, sich selber auf dem Laufenden zu halten und sich dann noch eine Meinung dazu zu bilden. Anschließend soll man sich mit dem Kind am besten in guter Stimmung über das Thema Computer auseinandersetzen und gemeinsam eine Richtung und Verhaltensregeln aushandeln? Die Überforderung der Eltern, der Zwiespalt, in dem sie stecken, wird an folgender Zahl deutlich. 64 Prozent der Eltern sagen: Kinder sollten nur mit Filterprogramm surfen – aber auf nur 14 Prozent der Computer mit Internetzugang, die Kinder nutzen, ist auch ein Filterprogramm installiert.

Manche versuchen es mit rigiden Verboten: »Dann zieh ich eben den Stecker raus.« Oder mit Appellen an die Schule: »Hier müsste es ein striktes Handyverbot geben.« Das wirkt wie ein Hilfeschrei an höhere Autoritäten. Es ergeht den Eltern wie Goethes Zauberlehrling: »Die ich rief, die Geister, werd ich nun nicht los.«

Es sind verzweifelte Versuche, ein nicht beherrschbares Gebiet beherrschbar zu machen.

> »Viele Eltern sind verunsichert, weil sie sich als jemand fühlen, der im Hintertreffen ist in Bezug auf die Medienkompetenz. Sie möchten ihr Kind auf eine Welt vorbereiten, die sie selber nicht so richtig kennen. Sie haben das Gefühl: Ich verstehe mein Kind überhaupt nicht mehr und weiß gar nicht, was es den ganzen Tag über im Internet macht.«
> Martin Müsgens, klicksafe

Eltern wollen ihre Kinder schützen. Sie wissen, dass das Internet einen hohen Stellenwert einnimmt und dass ihren Kindern mit einem Click rassistische, rechtradikale, gewaltverherrlichende, Magersucht glorifizierende oder pornographische Inhalte zur Verfügung stehen. Sie selbst finden sich in einem Spagat, der nicht auflösbar scheint. Denn sie wissen auf der anderen Seite auch: Medien- und Computerkenntnisse gehören zu den neuen Schlüsselkompetenzen. Es gibt kaum noch Berufe, in denen man nicht in irgendeiner Form den Computer nutzt, E-Mails schreibt, im Internet recherchieren muss, gute Einträge von schlechten unterscheiden können muss. Sie wissen, wenn sie ihrem Kind rigoros den Computer verbieten und die Haltung einnehmen: »Bei uns dürfen alle Kinder erst mit fünfzehn Jahren ins Internet«, dass dann das Kind wahrscheinlich ins Hintertreffen gegenüber den medienkompetenteren Gleichaltrigen gerät.

> »Medienpädagogen haben die Erfahrung gemacht: ›Viele Eltern empfinden diesen Zwiespalt, weil sie die Chancen sehen, die Risiken teilweise nicht richtig abschätzen können und sich dann einfach überfordert fühlen, ihren Erziehungsauftrag zu erfüllen.‹«
> Martin Müsgens, klicksafe

Kinder brauchen Geheimnisse

Ein Widerspruch findet sich noch auf einer anderen Ebene: Kinder und Jugendliche brauchen Geheimnisse. Es wäre sehr ungewöhnlich und unangemessen, wenn sie – gerade in der Pubertät – alles und jedes mit ihren Eltern teilen würden. Im Gegenteil: Sie wollen sich abnabeln, eigene Wege finden, neue Freunde gewinnen, ihre Position in der Welt suchen, und sie müssen sich ausprobieren. Da stehen Harmonie und Einklang mit den Eltern gerade nicht an. Im Gegenteil: Sie wollen etwas alleine machen, unbeobachtet sein, unkontrolliert sein, und das ist auch sehr wichtig für ihre Entwicklung zur Eigenständigkeit. Das war auch früher schon so, nur damals hatten die Eltern nicht das Gefühl: Ihre Kinder tauchen in eine nebulöse, unheimliche, viel zu große Parallelwelt ab. Der 1948 geborene dänische Familientherapeut Jesper Juul erinnert sich in einem Gespräch im Online-Magazin chrismon.de an seine Kindheit und Jugend: »Wir Jungs hatten ein richtiges Doppelleben. Hätten meine Eltern gesehen, was ich draußen machte, hätten sie sich wahrscheinlich umgebracht.« Geheimnisse und Eigenes sind normal und Heimlichkeiten zu haben, ist mithilfe der neuen Medien noch besser möglich. Nur: In einer Zeit, in der die Kinder sich auf der Suche nach ihrer Identität, auch nach ihrer sexuellen Identität befinden, sind sie eben auch besonders offen und vielleicht auch besonders anfällig dafür, von Cyberbekanntschaften ausgenutzt, gedemütigt oder für deren Zwecke missbraucht zu werden. Solche Erlebnisse sind kein guter Start in ein selbstbewusstes, selbstbestimmtes Sexualleben.

Das wissen auch die Eltern und so verstärkt sich das Gefühl, wie auf rohen Eiern zu laufen – verständlicherweise. Wie sollen sie auch beurteilen, wann Schutz angesagt ist oder Einmischung oder wann die Privatsphäre des Kindes im Vordergrund stehen sollte? Das ist verdammt schwer. Wie in der realen Welt sind auch hier Kontakt und Vertrauen das Wichtigste. Eine gute Beziehung zwischen Eltern und Kindern ist die beste Basis.

»Was hast du heute im Internet gemacht?«

Wenn früher die Kinder nach Hause kamen, wurden sie von den Eltern vielleicht gefragt: »Was hast du heute gemacht?« – Und dies war nicht unbedingt eine kontrollierende Frage, sie konnte auch ein Zeichen von aufrichtigem Interesse sein. Die Eltern wollten einfach wissen, wie ihr Kind den Tag verbracht hat. Heute sitzen viele Kinder einen großen Teil des Tages zu Hause und machen scheinbar nichts. Sie sitzen am Computer, chatten, spielen, recherchieren, was auch immer. Heute würde eher die Frage passen: »Was hast du heute im Internet gemacht?« – Aber die geht vielen Eltern nicht so leicht über die Lippen. Sie hat oft so einen kontrollierenden, warnenden Beigeschmack – so empfinden es viele Kinder. Und wie würde so ein Dialog auch aussehen? »Ich habe mit Jonathan, Hannes und Mira gechattet.« »Wie, mit allen gleichzeitig? Da kann man sich doch gar nicht richtig auf ein Gespräch konzentrieren ...« Und schon ist der erste vorwurfsvolle, unverständige Unterton da, spätestens dann fällt bei dem pubertierenden Sohn die Klappe. Die Eltern haben seine Reaktion vielleicht gar nicht bemerkt und probieren weiter: »Worüber habt ihr denn geredet?« Ein sehr braver, kooperierender Sohn würde vielleicht antworten: »Mit Hannes über Fußball, mit Jonathan über das neueste iPhone und mit Mira so halt: Wie geht's? und so ...« – Solch detaillierte Auskünfte erhalten aber schon nicht mehr viele Eltern. Wahrscheinlicher sind Antworten wie: »Nix Besonderes.« Oder: »Geht dich nichts an.« »Keine Lust dir das jetzt zu erzählen.« »Weiß auch nicht.«

Was können Eltern tun?

In Broschüren und Büchern zu dem Thema werden Eltern mit Erziehungstipps »erschlagen«. Zwanzig und mehr Verhaltensregeln auf einmal sollen sie beherzigen, dann klappt das schon mit der Medienerziehung. So viele Ratschläge kann man natürlich gar nicht beachten, aber es ist wichtig, sich ein paar Dinge bewusst zu machen. Ich möchte daher einen – möglichst kleinen – Punktekatalog anführen, der Eltern Hinweise geben soll, worauf sie achten können. Aber probieren Sie nicht alles auf einmal aus. Achten Sie lieber darauf, was für Sie und Ihre Familie passt.

> »Wirkliche Hilfe ist es, wenn die Kinder einen kritischen und kompetenten Umgang mit dem Internet erlernen.«
> Dilek Atalay, klicksafe

- Es ist wichtig, sich als Eltern selber zu informieren.
- Um die Kinder langsam und geschützt an das Internet heranführen zu können, brauchen sie Zeit.
- Es lohnt sich, sich die Zeit zu nehmen und das Internet gemeinsam mit den Kindern zu entdecken.
- Im Kindergartenalter oder in den ersten Grundschuljahren gehört der Computer nicht ins Kinderzimmer.

> »Es ist gut, das Internet gemeinsam mit den Kindern spielerisch zu entdecken. Am Anfang sollte man Internetseiten über Kindersuchmaschinen und Favoritenlisten, die man gemeinsam mit dem Kind erstellt, aufrufen. Hier kann das Kind in sicherer ›Umgebung‹ klicken und spielerisch die virtuelle Welt des Internets kennenlernen. Mit der Zeit kann man immer mehr Verantwortung an das Kind abgeben.«
> Martin Müsgens, klicksafe

Für Eltern und Kinder ist es hilfreich, wenn Eltern eine differenzierte eigene Haltung entwickeln und wenn sie diese auch vermitteln. Sie können klarstellen, dass das Internet sehr komplex ist und sie ihr Kind nicht vor allen Gefahren bewahren können, und dass es gleichzeitig viele Möglichkeiten bietet, die man positiv nutzen kann.

Es empfiehlt sich ein schrittweises Vorgehen: Bevor das Kind sich in einem sozialen Netzwerk anmeldet oder auf eine Chatseite geht, sollten im Vorfeld schon ganz viele andere Erfahrungen im Internet gemacht worden sein.

> »Eltern sollten ihre Kinder nicht ins kalte Wasser schmeißen und sagen: Hier ist das Internet. Schwimm mal!«
> Martin Müsgens, klicksafe

Eltern können von Anfang an Kindersuchmaschinen, wie »Blinde Kuh« oder »Seitenstark«, auf der Startseite des Computers installieren und die guten Möglichkeiten der Seiten mit den Kindern zusammen entdecken.

Vertrauen ist essenziell. Eltern sollten die Kinder auffordern, sich an sie zu wenden, wenn ihnen etwas komisch vorkommt. Gleichzeitig ist es wichtig, dass Eltern ihren Kindern glaubhaft versichern, dass sie dann keinen Ärger bekommen. Und: Eltern müssen sich im Ernstfall an diese Abmachung halten!

> »Wenn Kinder Sorge haben, dass sie Ärger von ihren Eltern bekommen, wenn ihnen im Internet etwas Komisches passiert ist, dann werden sie sich nicht trauen, den Eltern zu sagen, wenn mal etwas schiefläuft.«
> Dilek Atalay, klicksafe

Eltern sollten sich nicht auf ein Kinderschutzprogramm verlassen: Kinderschutzprogramme sind nur eine »Krücke«. Sie filtern zum Beispiel Worte wie »Sex« oder »Porno« heraus, aber natürlich kann man sie auch umgehen, indem man diese Worte etwas anders schreibt oder sich andere Worte überlegt, die den gleichen Inhalt haben.

Das ist schon eine ganze Batterie von Regeln, die Eltern beachten sollten. Es ist fast eine eigene Wissenschaft. Ganz realistisch ist die Umsetzung der Regeln oft nicht. Grundlage ist immer die Vertrauensbasis. Kinder müssen sicher sein, dass sie jederzeit zu ihren Eltern kommen können, wenn sie im Internet unangenehme oder verunsicherende Erfahrungen machen.

> »Es ist ein pädagogisches Ideal, dass Eltern am Computer immer neben ihren Kindern sitzen.«
> Christine Feil, Wissenschaftlerin am Deutschen Jugendinstitut

»Chatten ohne Risiko« heißt die Chat-Broschüre von jugendschutz.net. Sie enthält ein Poster mit fünf Sicherheitstipps für Kinder und Jugendliche. Eltern können sie mit ihren Kindern besprechen und das Poster zu Hause aufhängen:

1. Hol dir Infos über Seiten, die du benutzt: Kostet die Seite etwas? Welche Regeln gibt es? Wer achtet darauf, dass sie eingehalten werden?
2. Schütze deine Daten: keine E-Mail-Adresse, Wohnungsadresse, Telefonnummer preisgeben.
3. Bleib misstrauisch bezüglich deines Gegenübers. Frage dich immer: Würde ich das einem Fremden erzählen? Fotos können gefälscht sein. Triff niemanden offline alleine. Ein echter Chat-Freund hat nichts dagegen, wenn du dich schützt und mit deinen Eltern aufkreuzt.
4. Lass dir nichts gefallen: Wenn andere mobben, beschwer dich beim Moderator, sprich mit deinen Eltern.

5. Beachte selbst bestimmte Spielregeln: Nimm Rücksicht auf andere. Lade keine Bilder von anderen hoch. Zeige keine Seiten, auf denen eklige oder pornographische Inhalte zu sehen sind.

Klare Regeln für Kinder und Eltern

> »Meiner Meinung nach sollte kein absolutes PC-Verbot herrschen, aber natürlich sollte das Kind auch nicht acht Stunden am Tag vor dem PC hängen. Der Umgang mit dem PC soll in der Familie ganz klar definiert und geregelt sein.«
> Sina, 16 Jahre

Der Umgang mit dem Computer sollte geregelt sein. Dieses Bedürfnis haben nicht nur die Eltern, sondern auch die Kinder. Julia von Weiler, Geschäftsführerin des Kinderschutzvereins »Innocence in Danger«, schlägt ein Internetabkommen zwischen Eltern und Kindern vor. Pädagogisches Ideal – oder doch im Alltag umsetzbar? Das ist die Frage. Wichtig ist, dass es Regeln für beide Seiten gibt – für Kinder und für Eltern. Dazu gehört als wichtigste Regel: »Meine Eltern spionieren mir nicht hinterher«, »Meine Eltern stellen nicht Bilder von unserer Familie ins Netz, ohne mich zu fragen« und »Meine Eltern schimpfen nicht mit mir, wenn ich ihnen eine Internetseite zeige, die mich beunruhigt oder mir Angst macht.«[106]

Die Verantwortung liegt auf mehreren Schultern

Für Eltern gibt es eine Menge zu tun und es ist gut, wenn sie sich mit dem Thema Medienerziehung bewusst auseinandersetzen. Aber sie sind nicht die Einzigen, die sich um das Thema kümmern müssen. Und sie müssen es nicht allein tun. Gefordert sind auch die Schulen, die Politik, die Softwarehersteller und die Internetprovider.

Wem im Netz Kinderpornographie begegnet, wer auf sexistische oder gewalttätige Angebote aufmerksam wird, wer auf solche Weise angesprochen wird, der ist aufgefordert, einen sogenannten screenshot zu machen – also ein Bildschirmfoto – und dieses bei entsprechenden Stellen bei der Polizei oder bei der Hotline von jugendschutz.net zu melden (Adressen siehe Internettipps und Telefonnummern, S. 188). Auch damit können wir die Verantwortung auf mehrere Schultern verteilen und gleichzeitig einen Beitrag leisten, das Internet nicht Menschen mit rassistischen, sexistischen, pädokriminellen Absichten zu überlassen.

11. Die Kriminalpolizei rät – Sichere Wege und selbstbewusstes Verhalten

> »Es ist eine Gratwanderung zwischen: ›Der soll autonom werden‹ und andererseits der Höllenangst, dass etwas passiert. Diese Gratwanderung wird bleiben. Es gibt keine Impfung. Man muss sich dem Thema öffnen. Man wächst mit dem Thema.«[107]
> Michael Herschelmann, Kinderschutzzentrum Oldenburg

»Die Hauptsorge der Eltern ist oft, dass irgendein fremder Mann aus einem Busch springt, ihr Kind in diesen zerrt, es sexuell missbraucht und anschließend quält oder tötet«, sagt die Kriminalhauptkommissarin Sigrid Arabin-Möhrer.

Wenn ein Kind Opfer eines Gewaltverbrechens wird, berichten die Medien immer sehr ausführlich darüber. Es ist mehr als verständlich, dass Eltern tief erschrocken sind bei der Vorstellung, dass ihrem Kind so etwas Fürchterliches passieren könnte. Der erste Reflex sind manchmal Gedanken wie: »Mein Kind geht nicht mehr alleine zum Bäcker«, oder: »Ich bringe es wieder zur Schule und hole es ab, auch wenn es das jetzt schon eine Weile allein gemacht hat.« Solche spontanen Gedanken sind nachvollziehbar. Letztendlich hilfreich sind sie nicht.

Ebenso wenig nützt es, ein absolutes Computerverbot zu »verhängen«, damit die Kinder auf keinen Fall im Netz unangenehm angesprochen werden oder unangemessene Bilder zu sehen bekommen. Solche rigorosen Konsequenzen der Eltern haben eher den gegenteiligen Effekt: Sie verunsichern die Kinder und es kann sein, dass sie sich selbst dadurch weniger zutrauen. Möglicherweise begeben sie sich heimlich in das verbotene Gebiet, weil Verbotenes ja besonders reizvoll ist. Sinnvolle Hilfe ist das Gegenteil von Abschottung und Rückzug. Wichtig ist es, die Kinder in ihrer Selbstsicherheit zu unterstützen. Kinder, die sich selbstsicher fühlen, werden nicht so häufig Opfer von Sexualstraftätern wie verunsicherte Kinder. Das heißt: Eltern sollten sich mit Erwachsenen, auch mit Experten über ihre Sorgen unterhalten und mit »klarem Kopf« überlegen, wie sie ihr Kind gut gehen lassen können – zur Schule, zu Freunden und später in die Welt hinaus.

Gewaltverbrechen wie die Entführung, den sexuellen Missbrauch und die Ermordung des zehnjährigen Mirko im Jahr 2010 sind unfassbar. Es geht dabei nicht »nur« um sexuellen Missbrauch, sondern um Macht und um Sadismus. Solche Verbrechen machen unglaubliche Angst, aber sie sind nicht abwendbar. »Davor können wir unsere Kinder im Ernstfall nicht schützen, denn gegen einen zu allem entschlossenen Täter kann ein Kind sich nicht alleine wehren«, sagt die Kriminalhauptkommissarin Sigrid Arabin-Möhrer. Und deshalb stehen kurzfristige Selbstbehauptungskurse bei der Polizei und anderen Einrichtungen in der Kritik. Sie kreieren die Illusion, dass ein Kind sich in einem solchen Fall mit ein paar Tricks wehren könnte, und dieses trügerische Gefühl kann im Ernstfall lediglich zu Unvorsichtigkeit führen.

Ein Trost ist vielleicht, dass solche Verbrechen, über die in den Medien groß berichtet wird und die uns lange Zeit aufwühlen, Ausnahmen sind. »Sexualmorde an Kindern gehen seit den siebziger Jahren stetig zurück. Im Durchschnitt passieren pro Jahr zwei bis drei Fälle in ganz Deutschland«, sagt Kriminaloberkommissar Ralph Kappelmeier vom Münchner Kommissariat für Verhaltensprävention und Opferschutz.[108]

Worauf Eltern achten können

> »Das Ziel, das ich mir gesetzt habe, ist, die Eltern darauf aufmerksam zu machen, dass sie in ihrem nahen Umfeld sehr sensibel gucken, was tut dem Kind gut und was nicht.«
> Sigrid Arabin-Möhrer, Kriminalhauptkommissarin

Die Experten der Kriminalpolizei empfehlen Eltern, auf folgende Punkte zu achten:

Sexualaufklärung

Kinder sind besser geschützt, wenn sie über Sexualität sprechen können und dürfen, wenn sie Worte dafür haben und wenn sie aufgeklärt sind. Für manche Eltern ist ein offener Umgang mit diesem Thema nicht leicht, vor allem wenn sie selbst so nicht erzogen wurden. Diese Erfahrung machen Polizisten und Polizistinnen, die Aufklärungsabende zum Thema Missbrauch an Schulen durchführen:

> »Meine Erfahrung ist, dass viele Eltern a) sich nicht damit auseinandergesetzt haben und b) auch Scheu haben vor der Sexualaufklärung und dass das erstaunlicherweise auch in der jungen Generation weit verbreitet ist und kein offener Umgang mit Sexualität herrscht.«
> Sigrid Arabin-Möhrer

Respekt und Selbstbewusstsein

Kinder sollen lernen, dass ihre Meinung etwas gilt, dass sie gehört wird und dass sie selber bestimmen können, ob sie sich jemandem nähern wollen. Ihr »Nein« muss Gehör finden. Ihre Meinungen dürfen nicht abgewertet oder lächerlich gemacht werden. Nur so kann ein Kind Vertrauen haben, gerade wenn es etwas erzählt, dass »komisch« klingt oder ihm beängstigend vorkommt.

In Kontakt stehen

> »Man darf einem Kind nicht die ganze Verantwortung für die eigene Sicherheit aufladen. Die Eltern müssen eine gewisse Sozialkontrolle über ihr Kind haben. Eltern sollen nicht zu Kontrollfreaks werden, aber als Elternteil muss ich wissen, wo mein Kind am Nachmittag ist.«
> Ralph Kappelmeier, Kriminaloberkommissar

- Eltern sollten grundsätzlich wissen, wo sich ihr Kind aufhält.
- Eltern sollten aufmerksam sein bezüglich der Spielsachen, die ein Kind hat, oder des Geldes, das in der Spardose ist. Täter schenken den Kindern oft Spielsachen, um ihr Vertrauen zu gewinnen. Wenn unbekannte »Objekte« zu Hause auftauchen, sollten Eltern das Kind ruhig und ohne Vorwurf fragen, wo es die Sachen herhat.
- Eltern sollten zu Hause eine vertrauensvolle Atmosphäre herstellen und jeden Tag mit ihrem Kind sprechen und ihm Gelegenheit geben, etwas zu erzählen. Das geht nicht in angespanntem Ton und auch nicht mit Kontrollfragen. Kinder werden über sich eher in einer ruhigen, entspannten Situation erzählen. Am besten ist, wenn es täglich dazu eine Möglichkeit gibt – zum Beispiel nach dem Abendessen oder vor dem Zubettgehen. In dieser Zeit geht es um die Frage, wie es dem Kind geht, was es beschäftigt, was es bewegt: »Wie war dein Tag heute? Was war gut? Was war nicht so gut?« Dabei ist es wichtig, dass die Kinder wirklich eine Chance haben, etwas zu erzählen. Oft verbinden sie schlechte Erlebnisse mit dem Gefühl, dass sie etwas falsch gemacht haben. Ein

Kind, dass von den Eltern oft gehört hat: »Du darfst nichts von Fremden annehmen«, und es dann doch tut, fühlt sich schuldig und hat Angst vor noch mehr Ärger und Vorwürfen.

Welche Vereinbarungen können Eltern mit ihren Kindern treffen

Um sich besser vor »Fremdtätern« zu schützen, können Eltern mit ihren Kindern klare »Spielregeln« vereinbaren:

- Es ist gut, den Schulweg mit anderen zusammen in kleinen Gruppen zu gehen.
- Das Kind soll von der Schule oder vom Spielplatz immer pünktlich auf dem vereinbarten Weg nach Hause kommen.
- Es soll nicht eigenmächtig die Pläne ändern und noch irgendwo länger Station machen, ohne kurz Bescheid zu geben.
- Wenn sich sein Aufenthaltsort ändert, soll das Kind sich zu Hause melden.
- Was Kindern selbst Sicherheit gibt, ist das Gefühl, dass jemand seinen Aufenthaltsort kennt. Gegebenenfalls können Eltern mit dem Kind vereinbaren: »Ruf kurz an, wenn du bei deinem Freund oder auf dem Sportplatz angekommen bist.«
- Eltern sollten mit den Kindern über mögliche Gefahren in Ruhe sprechen, ihnen aber keine Angst machen.
- Eltern können mit den Kindern den Schulweg abgehen und gemeinsam anschauen, was es unterwegs für »Sicherheitsinseln« gibt. Zum Beispiel ein Supermarkt, in dem das Kind die Kassiererin ansprechen kann, wenn es sich sorgt oder ihm etwas passiert ist. Ein Haus, in dem Freunde leben, wo es klingeln kann, eine Gaststätte, eine Bäckerei, eine Tankstelle.

- Eltern können mit ihrem Kind besprechen, wie es sich in bedrohlichen Lagen verhalten kann: Erwachsene ansprechen, um Hilfe bitten, sich nicht im Dunkeln verstecken, sondern wegrennen und laut schreien und mit Händen und Füßen strampeln.

Eltern können mit dem Kind Folgendes konkret besprechen:

- »Wenn du jemandem Auskunft geben möchtest, geh nicht so nah an das Auto heran.« »Du musst nicht immer höflich sein und jedem Fremden Auskunft geben. Steig zu niemandem ins Auto.«
- »Nimm keine Geschenke an.«
- »Sage niemandem, wie du heißt und wo du wohnst.«
- »Geh nicht mit jemandem mit, außer, wir haben dir das vorher ausdrücklich erlaubt und besprochen.«
- »Mache nicht die Tür auf, wenn du alleine zu Hause bist und du nicht weiß, wer da ist.
- »Sei vorsichtig, wenn ein Fremder anruft, und komme keinen Aufforderungen nach, wie etwa das Haus zu verlassen oder dich auszuziehen. Wenn so etwas passiert, musst du sofort anrufen.
- Und Eltern sollten ihrem Kind sagen: »Wenn doch etwas passiert ist, machen wir dir keine Vorwürfe.«

Alle diese Abmachungen sind gut, aber trotzdem ist es wichtig, dass Eltern sich klarmachen: Auch Kinder, die theoretisch wissen, dass sie »Nein« sagen sollen, sind nicht komplett gegen Übergriffe gewappnet: Vielleicht versagt ihnen in der konkreten Situation die Stimme oder sie fühlen sich überwältigt oder sie denken an nichts Böses und sagen doch »Ja«. Erwachsenen geht es ja oft nicht anders.

12. »Das Kind wirkt so abwesend« – was tun, wenn man einen Verdacht hat?

Anzeichen, dass etwas nicht stimmt

> »Ich habe es noch nie erlebt, dass ein Kind dezidiert sagt: ›Ich bin sexuell missbraucht worden.‹ Sondern es wird über eher harmlose Sätze ausgedrückt, es sagt zum Beispiel: ›Ich habe keine Lust dazu‹, ›ich möchte da nicht mehr hin‹, ›ich habe Bauchschmerzen‹.«
> Sigrid Arabin-Möhrer, Kriminalhauptkommissarin

Kinder, die missbraucht werden, senden in der Regel keine eindeutigen Signale. Sie haben ja vom Täter eingeimpft bekommen, dass sie schweigen müssen. Sie stehen unter einem riesigen Druck und retten ihre Seele, indem sie das, was ihnen passiert, abspalten. Auffällig ist dann, dass sie zum Beispiel wieder einnässen oder Angst vor bestimmten Personen haben oder sich selbst auch sexuell aufdringlich und unpassend verhalten. Sie können nicht direkt erzählen, was ihnen passiert ist oder immer noch passiert. Oft fällt aber ihr sonderbares oder ungewohntes Verhalten auf.

Eltern und pädagogische Fachkräfte sind beispielsweise mit folgenden Situationen konfrontiert:

- Der Mutter der achtjährigen Jasmina fällt seit einiger Zeit auf, dass ihre Tochter einsilbiger geworden ist. Sie mag nicht mehr rausgehen und wenn sie am Wochenende zu Oma und Opa soll, dann sagt sie: »Da möchte ich nicht hin.« Dabei sind Oma und Opa so nett zu ihr. Opa hat ihr letztens eine neue Puppe geschenkt, obwohl sie keinen Geburtstag hatte. Jasmina macht seit einiger Zeit wieder ins Bett. Und sie verabredet sich nicht mehr mit ihrer Freundin Ella.

- Jakob ist in der 3. Klasse, ebenso sein Freund Joschka. Ab und zu kommt Joschka zum Spielen zu Jakob und oft sitzt er abends mit am Abendessenstisch, bevor seine Mutter ihn abholt. Jakob hat schon mal erzählt, dass Joschka manchmal komisch ist. In der Schule zum Beispiel verkrümelt er sich in der Pause häufig auf einen Baum und kommt auch nicht runter, wenn Jakob ihn ruft. Joschka hat wenige Freunde. Letztens hat er Jakob erzählt, dass er Angst vor seinem Vater hat, der schlägt ihn öfter, auch wenn Joschka gar nichts gemacht hat, und der verhält sich auch so komisch, wenn er ihm abends gute Nacht sagt.
- Jonas ist grade zwanzig Monate alt. Er ist in einer altersgemischten Kindergartengruppe. Seit einiger Zeit gibt es dort einen neuen Erzieher, Michael. Er mag Jonas gern und kümmert sich sehr um ihn. Neulich abends hat Jonas erzählt: »Der Michael hat mir am Pimmel gezogen.« Und er hat diesen Satz an den folgenden Tagen noch so etwa zwei-, dreimal wiederholt. Was den Eltern beim Wickeln aufgefallen ist: Wenn Michael Dienst hat, ist Jonas´ kompletter Genitalbereich eingecremt. Aufgebracht und verunsichert sprechen sie mit der Leiterin des Kindergartens. Sie vereinbaren, dass Michael Jonas nicht mehr wickelt. Aber trotzdem passiert es wieder, dass Jonas´ Penis und Hoden komplett eingecremt sind.
- Maria ist fünf Jahre alt und besucht eine Kindergartengruppe. Es ist der Erzieherin schon häufiger aufgefallen, dass Maria donnerstags immer so müde ist und so abwesend wirkt. Sie

hat dann zu nichts Lust, ist sehr einsilbig und lässt sich kaum zum Spielen mit den anderen bewegen. Letztens ist sie in der Kuschelecke eingeschlafen. Mittwochs ist Maria häufig bei ihrer Tante, weil ihre Mutter abends lange arbeiten muss. Was die Erzieherin auch beunruhigt, ist, dass Maria so beängstigende Bilder malt. Auf dem letzten war ein großes längliches Rohr, aus dem etwas rausspritzte.

Das sind fiktive Beispiele von kindlichem Verhalten, das sensible Erwachsene aufhorchen lässt. Ein Verdacht ist keine Gewissheit, aber wegschauen ist keine Lösung.

Symptome können vielfältig sein – nicht immer sind sie eindeutig

Anzeichen für sexuellen Missbrauch können sehr vielfältig sein. Es gibt eindeutige und weniger eindeutige. Manchmal ist es die Summe mehrerer Auffälligkeiten, die einen stutzig macht. Manche Symptome können auch Anzeichen eines ganz anderen Problems sein. Folgende Symptome können (unter anderem) Hinweise geben:

- Schlafstörungen
- Bettnässen, Einkoten
- Bauchschmerzen
- Sprachstörungen
- Rückfall in Kleinkindverhalten (eventuell als Signal für: Ich möchte beschützt werden)
- Gestörtes Essverhalten
- Angstzustände
- Schulschwierigkeiten

- Festklammern an bestimmten Personen
- Angst vor anderen Personen
- Erhöhtes Bedürfnis nach Sicherheit
- Rückzug in Phantasiewelten / Geschichten erfinden, Lügen
- Kontaktlosigkeit / keine Freunde
- Angst vor Erwachsenen
- Zwanghaftes Waschen

Bei älteren Kindern können auch Alkohol- oder Drogenmissbrauch, massiver Internetkonsum, problematische Internetkontakte oder wiederholte Straftaten, wie zum Beispiel Diebstähle, ein Indiz dafür sein, dass die Kinder sexuell missbraucht werden.

Weiterhin gibt es Anzeichen, die ziemlich sicher auf einen sexuellen Missbrauch schließen lassen:

- Unterleibsverletzungen
- Blutergüsse und Bisswunden im Genitalbereich
- Geschlechtskrankheiten
- eine direkte Aussage des Kindes[109]

Diese deutlichen Hinweise kommen allerdings sehr selten vor.

Schauen Sie nicht weg!

> »Statistisch gesehen hat jede Lehrkraft irgendwann Kontakt zu einem Kind, das sexualisierter Gewalt schon einmal ausgesetzt war.«[110]
> Michael Herschelmann

Oft ist die Situation nicht eindeutig. Es gibt Anzeichen, aber keine Beweise. Und trotzdem ist es wichtig, einem unangenehmen

Bauchgefühl nachzugehen. »Schauen Sie nicht weg!«, appellieren die Kinderschutz-Zentren. »Die Kinder können es auch nicht.« Das bedeutet: »Haben Sie den Mut hinzugucken«.[111]

Auch einem eigentlich abwegigen Verdacht sollte man nachgehen. Wenn etwa ein netter Erzieher oder eine Erzieherin sein beziehungsweise ihr Herz für ein Kind entdeckt hat, sich viel mit ihm beschäftigt und sichtlich erfreut ist, wenn das Kind in den Kindergarten kommt, dann scheint es umso abwegiger, dass er oder sie diesem Kind etwas antun könnte. Und in den meisten Fällen ist es auch abwegig. Andererseits gilt auch Folgendes: Je enger die Beziehung zwischen Täter und Kind ist, umso schwieriger ist es für Außenstehende, die sexuelle Gewalt zu bemerken.[112]

Zwischen Ohnmacht und »Aktionsdrang«

> »Wenn Eltern eine Unsicherheit haben und die nicht im Freundeskreis klären können, sollten Sie sich nicht scheuen, direkt in einer Beratungsstelle nachzufragen.«[113]
> Michael Herschelmann

Wenn Erwachsene einen Verdacht haben oder auch von einem realen sexuellen Missbrauch wissen, löst das häufig Gefühle der Ohnmacht bei Ihnen aus. Einige reagieren sprachlos und hilflos. Andere bekommen eine unbändige Wut auf den Missbraucher, der unbedingt bestraft werden soll.

Dieser Zwiespalt zwischen Ohnmachtsgefühl und Rachewunsch führt nicht selten zu extremem, meist nicht reflektiertem Verhalten. Manche Erwachsenen schauen weg. Sie haben Angst, etwas Falsches zu tun, sich zu irren, das Vertrauen des Kindes zu verlieren oder als Denunzianten im Bekanntenkreis oder im Kollegium dazustehen, die sich in private Angelegenheiten anderer Leute einmischen.[114]

Eindrücklich beschreiben Luzia Schmid und Regina Schilling in ihrem preisgekrönten Film »Geschlossene Gesellschaft« das Wegschauen der Mit-Verantwortlichen in der Odenwaldschule. Es sind Lehrer, die jahrzehntelang nicht reagiert haben, obgleich ihnen von den sexuellen Übergriffen erzählt wurde.[115]

Andere Erwachsene werden direkt aktiv, informieren Eltern, Lehrer und alle Beteiligten, befragen das Kind eingehend und gehen zur Polizei. Ein solcher »Aktionismus« ist in der Regel genauso schädlich wie das Wegschauen. Beide Reaktionen sind für die Kinder nicht hilfreich. Im ersten Fall wird das Kind unter Umständen weiterhin einem Missbrauch ausgesetzt, weiter ausgebeutet und für sein weiteres Leben geschädigt. Im zweiten Fall wird sich das Kind – wenn es tatsächlich um sexuellen Missbrauch geht – mit großer Wahrscheinlichkeit verschließen. Wenn die Täter von dem Verdacht erfahren, werden sie den Druck auf das Kind erhöhen und den Kontakt zu allen sie verdächtigenden Stellen abbrechen, indem sie wegziehen. Die Chance für eine Aufdeckung ist auf Jahre vertan.

> »Wenn der Täter aus der Familie kommt, ist es elementar wichtig, dass zunächst nicht die Eltern oder Verwandte über den Verdacht informiert werden. Weil die meisten Familien dann wie Austern zuklappen und es kommt nichts mehr nach außen. Was ich schon oft erlebt habe, ist, dass alle Zelte abgebrochen werden und die Familie umzieht.«
> Sigrid Arabin-Möhrer, Kriminalhauptkommissarin

»Nicht immer sofort den Streifenwagen rufen«

> »Kinder und Jugendliche, die sexuelle Gewalt erleben, stehen unter großem Druck und sind sehr auf der Hut.«[116]
> Elke Nowottny, Kinderschutz-Zentrum Berlin

Kinder, die sexuelle Gewalt erleben, suchen gleichzeitig einen Gesprächspartner, der für ihre Sorgen offen ist. Natürlich wollen wir, wenn wir von einem Missbrauchsfall erfahren, sofort Hilfe leisten. Aber Vorsicht! Es gibt viele Fallen, in die man trotz des guten Vorsatzes tappen kann. Unüberlegtes Handeln kann fatale Folgen haben. Es ist wichtig, dem Impuls, dass sofort etwas geschehen muss, nicht »blind« nachzukommen.

Wenn sich ein Kind einem Erwachsenen anvertraut, dann ist das ein ungeheurer Schritt, den das Kind wagt. Expertinnen und Experten der Polizei raten auf ihren Elternabenden in Grundschulen und Kindertagesstätten, dass bei einer Aufdeckung eines sexuellen Missbrauchs nicht sofort der Streifenwagen gerufen werden soll. Besser ist es, sich zunächst an eine Beratungsstelle zu wenden. Denn das Kind wird sonst der Situation ausgesetzt, dass es sein belastendes Erlebnis wieder und wieder erzählen muss. Gemeinsam mit den Mitarbeitern der Beratungsstelle können dann die nächsten Schritte überlegt werden. Eventuell ist es nötig, das Jugendamt oder die Polizei einzuschalten – aber erst als zweiter Schritt. Zunächst sollte in Ruhe überlegt werden, was zu tun ist. Das Kind ist ein sehr großes Risiko eingegangen und es ist auf Schutz vor dem Täter angewiesen. Es weiß sehr genau: »Wenn der Missbraucher erfährt, dass ich ihn ›verraten‹ habe, werde ich noch größere Qualen und Repressalien erleiden müssen.« Also muss erst gesichert sein, dass das Kind ab sofort vor dem Täter oder der Täterin geschützt ist, das heißt, dass eine räumliche Trennung möglich ist. Diesen Anspruch kann nur eine Behörde durchsetzen. Das Jugendamt kann Kinder in Obhut nehmen. Die Polizei kann bei dringendem Tatverdacht und gegebenem Grund für eine Verhaftung den Beschuldigten vorläufig festnehmen. Haftgründe können sein: Fluchtgefahr, der begründete Verdacht, dass der Beschuldigte Beweismittel vernichtet oder Zeugen massiv beeinflusst, oder die Gefahr, dass die Straftat fortgesetzt wird.

Fachkräfte in Schulen oder Kindergärten müssen darauf vorbereitet sein, dass ein Kind unter Umständen erst einmal wieder in die Familie zurückgehen muss, bis letztendlich Hilfe organisiert werden kann. Das ist nicht leicht auszuhalten.

Was macht das Jugendamt?

Das Jugendamt hat das Wächteramt. Das bedeutet: Die Mitarbeiter haben die Aufgabe, das Kind zu schützen. Wenn sie erfahren, dass ein Kind in seinem Umfeld bedroht ist, müssen sie die Gefahr einschätzen, in der sich das Kind befindet. Wenn sie die Situation als gefährlich einstufen, müssen sie das Kind aus der Familie und aus seinem Umfeld herausnehmen. Die Entscheidung treffen in der Regel mehrere Jugendamtsmitarbeiter gemeinsam. Die Meldung eines Falles beim Jugendamt ist nicht gleichbedeutend mit einer Anzeige bei der Polizei, da das Jugendamt nicht verpflichtet ist, sexuellen Missbrauch an Kindern anzuzeigen.

Was passiert bei der Polizei?

> »Mein ureigenes polizeiliches Interesse ist es, Straftaten aufzudecken. Da wir wissen, dass Missbrauch Suchtcharakter hat und wir sogenannte ›alte Bekannte‹ haben, die immer wieder auffallen, trotz Strafen und Therapien, finde ich es unheimlich wichtig, dass die bei uns bekannt werden und dass die auch der Justiz zugeführt werden.«
> Sigrid Arabin-Möhrer, Kriminalhauptkommissarin

Wenn die Polizei eingeschaltet wird, muss sie handeln, das heißt eine Strafanzeige schreiben. Kindliche Opfer werden durch speziell geschulte Beamtinnen und Beamte angehört.

Zu diesem Zweck verfügen viele Polizeidienststellen über ein kindgerechtes Vernehmungszimmer. Die Gespräche zwischen dem betroffenen Kind und der befragenden Polizeibeamtin oder dem Polizeibeamten werden mit einer Kamera aufgezeichnet. So können Richter, Anwälte und Mitarbeiter des Jugendamtes das Gespräch nachher anschauen. Unter Umständen wird dem Kind durch diese Methode eine erneute Aussage in der folgenden Gerichtsverhandlung erspart. Den Opfern und auch den Angehörigen wird durch den Opferschutzbeauftragten der Polizei Beratung und Unterstützung angeboten. Betroffene Kinder und ihre Erziehungsberechtigten werden individuell über den Fortgang des Verfahrens, Opferhilfeeinrichtungen und mögliche Opferentschädigungen (zum Beispiel Opferentschädigungsgesetz, Zeugenschutzgesetz) informiert. Außerdem erhalten Kindern und Jugendliche unter achtzehn Jahren den Hinweis, dass ihnen die Vertretung durch einen Opfer-Anwalt zusteht.

Es gibt Fälle, in denen es wichtig ist, sofort die Polizei zu alarmieren, um den Täter zu fassen und das Opfer zu schützen. Das ist zum Beispiel der Fall, wenn ein Fremder in der Schule oder auf dem Spielplatz Kinder bedroht, wenn Kinder aus dem Auto heraus auf der Straße angesprochen werden oder sogar verletzt werden, wenn sie Anrufe mit sexuellem Inhalt oder solche Nachrichten im Internet erhalten.

In Fällen, die keine sofortigen Maßnahmen erfordern, ist es wichtiger, sich erst selbst zu orientieren und Informationen einzuholen. Nur dann kann man dem betroffenen Kind sinn- und planvoll helfen.

Eine Tasse Kaffee und ihre erhellende Wirkung auf den Verstand

Die Aufdeckung – also der Weg von einem Verdacht bis zur Gewissheit – ist der sensibelste und komplizierteste Teil auf dem Weg zur Aufklärung eines sexuellen Missbrauchs. Besonnen zu handeln ist die wichtigste Regel.

Wenn wir aufgrund von Indizien oder weil ein Kind uns gegenüber Andeutungen gemacht hat, einen Verdacht haben und die verdächtigten Personen aus der Familie des Kindes kommen, ist das natürlich eine sehr schwierige Situation. Wir sind als erwachsene Person verantwortlich und müssen etwas tun. Und wir müssen sehr stark sein und überlegen, was wir uns zutrauen können. Denn ein »bloßer Verdacht« erfordert unter Umständen, dass auch wir es aushalten müssen, das Kind zunächst wieder in die Ursprungsfamilie gehen zu lassen.

Der erste Schritt ist immer: Ruhe bewahren. Nicht allein bleiben, sondern überlegen, mit wem man darüber sprechen kann. Wer ist offen für das Thema und ein guter und vertrauenswürdiger Ansprechpartner? Eine Kollegin im Team, eine Nachbarin, eine andere Mutter oder ein anderer Vater, ein Lehrer oder eine Fachkraft in einer Beratungsstelle? Fachkräfte sollten sprichwörtlich eine Tasse Kaffee trinken und mit den Kollegen, der Leitung oder anderen Personen über den Verdacht sprechen und in Ruhe überlegen, was zu tun ist. »Niemand kann ein Kind alleine schützen.« Das ist eine alte Regel unter Expertinnen und Experten, die sich mit dem Thema Missbrauch beschäftigen.

Kinder haben niemals Schuld

Wenn ein Kind sexuelle Übergriffe erlebt, dann geht es ihm auf ganz vielen Ebenen schlecht. Es fühlt sich ohnmächtig, schwach, unterlegen, schuldig, voller Scham, erniedrigt, entwürdigt, nicht gehört, einsam, verstört, verraten, nichts wert, und es wünscht sich nichts dringender, als dass der Missbrauch aufhört. Es klingt paradox, aber: Kinder haben nicht selten das Gefühl, dass sie selber daran schuld sind, missbraucht zu werden. Vorwürfe der Erwachsenen wie: »Warum hast du denn nichts gesagt?«, »Warum hast du nicht geschrien?«, »Warum hast du mitgemacht?«, »Warum hast du dabei Lust empfunden?«, verschlimmern die Situation noch mehr. Aussagen wie: »Du hättest doch ›Nein‹ sagen können«, führen jegliche Präventionsmaßnahme ad absurdum. Deshalb ist es wichtig, ganz klar zu wissen: »Kinder haben niemals Schuld.« Sie sind immer die Unterlegenen.

Was Fachkräfte nicht müssen

- Oft denken Lehrerinnen oder Lehrer, dass sie zunächst eindeutig wissen müssen, dass ein Kind sexuell missbraucht wurde, bevor sie sich an eine Fachberatungsstelle wenden. Das ist nicht so. Im Gegenteil: lieber einmal mehr nachfragen. Das fördert die eigene Sicherheit im Umgang mit Kindern und Jugendlichen.
- Andere denken, sie seien zur sofortigen Anzeige verpflichtet. Viele wissen nicht, dass das Jugendamt bei Kindeswohlgefährdung sofort handeln muss und die Polizei Strafanzeige erstatten muss. All diese Fragen lassen sich zum Wohl des Kindes besser vorher mit Kinderschutzstellen klären. Dort kann man auch zunächst erfragen, wie die Kinderschutzstelle beim Thema »sexueller Missbrauch« vorgeht. Welche Schritte sie unternimmt.
- Manche glauben, sie müssten selber erst genug Beweise sammeln. Auch das ist falsch. Sie müssen keine Beweise sammeln

und nicht Aufgaben von Polizei und Staatsanwaltschaft übernehmen.

- Lehrerinnen, Pädagogen und Eltern müssen ein Kind nicht therapeutisch begleiten. Dafür sind speziell ausgebildete Psychologen zuständig.

Was Fachkräfte unbedingt tun sollten

Es gibt eine eindeutige und klare Formel, nach der Fachkräfte sich zunächst richten sollten, und die formuliert Michael Herschelmann vom Kinderschutz-Zentrum Oldenburg so:

> »Wahrnehmen, sich selbst Unterstützung holen und Hilfe organisieren helfen, das sind die zentralen Aufgaben von LehrerInnen im Umgang mit einer Vermutung oder einem konkreten Fall von sexueller Gewalt.«[117]

Worauf Eltern und Fachkräfte achten können

Eltern und Fachkräfte können überlegen, seit wann sich das Verhalten des Kindes verändert hat. Sie können beobachten, ob es Situationen oder Personen gibt, die das Kind besonders meidet.

- Nässt es ein?
- Meidet es Kontakt zu Freunden, Verwandten, anderen Personen?
- Wirkt es häufig abwesend?
- Zieht es sich zurück und redet es kaum über sich und seine Erlebnisse?
- Gibt es plötzliche Auffälligkeiten wie Leistungsabfall/-Konzentrationsmangel in der Schule?

- Klagt das Kind häufiger über körperliche Beschwerden? Bauchschmerzen, Kopfschmerzen, Übelkeit, Blasenentzündungen, Jucken am Penis beziehungsweise an der Scheide?
- Ist das Kind besonders aggressiv geworden?
- Wie reagiert es auf Berührung und Nähe?
- Gibt es ein auffälliges sexualisiertes Verhalten, wie zum Beispiel Jungen, die Ruckelbewegungen auf dem Schulhof machen? Ungewöhnliches Wissen über Sexualität oder sexuelle Übergriffe auf andere Kinder oder körperlich grenzwertiges Verhalten?[118]

Was tun, wenn man einen Verdacht hat?

Für Fachkräfte hat Gisela Braun von der Landesstelle Kinder- und Jugendschutz ein Merkblatt verfasst, dass eine gute Leitlinie ist, wenn Sie einen sexuellen Missbrauch vermuten:

- Es gilt immer noch als erste Regel: Ruhe bewahren. Durch eine voreilige Offenlegung könnte der Täter von der Vermutung erfahren und das Kind so stark bedrohen, dass es nichts mehr sagt. Oder es wird aus der Einrichtung abgemeldet. Möglicherweise zieht die Familie um und weitere Hilfe ist nicht mehr möglich. Das Ziel einer Intervention ist langfristiger Schutz unter heilenden Bedingungen, ohne dass es zu Sekundärtraumatisierungen kommt.
- Sprechen Sie nicht mit den Eltern des Kindes, wenn Sie nicht völlig sicher sind, dass der Täter außerhalb der Familie zu suchen ist. Falls nämlich der sexuelle Missbrauch in der Familie geschieht, wird der Täter gewarnt. Ein Gespräch mit der Mutter oder Andeutungen des Problems unter einem Vorwand führen meist zum gleichen Resultat. Niemals eine Familie mit

einem Missbrauch konfrontieren, ehe eine räumliche Trennung von Opfer und Täter vorbereitet und möglich ist!

- Intensivieren Sie den Kontakt mit dem Kind und ermutigen Sie es, über Gefühle oder Probleme zu sprechen. Arbeitsmaterialien, die für die Prävention gedacht sind, eigenen sich auch, um Kinder zum Sprechen zu ermutigen, ohne sie zu drängen.
- Keine übereilte Strafanzeige! Niemand ist zur Anzeige verpflichtet. Eine Anzeige kann auch später erfolgen und muss unbedingt gut vorbereitet sein.
- Nehmen Sie Kontakt mit einer Beratungsstelle auf. In vielen Städten gibt es Fachberatungsstellen gegen sexuellen Missbrauch (Adressen siehe Anhang). Unter www.hinsehen-handeln-helfen.de finden Sie entsprechende Stellen. Beraten kann Sie ebenso das Jugendamt, gegebenenfalls ohne den Namen des betroffenen Kindes zu nennen.
- Zusammen mit den Fachkräften lassen sich Strategien entwickeln, um die Vermutung zu klären und dem betroffenen Mädchen oder Jungen zu helfen. Es gilt: Keine Person und keine Institution kann ein Kind alleine retten!

Wann muss sofort gehandelt werden?

Es gibt zwei Situationen, in denen es wichtig ist, sofort zu handeln, um gegebenenfalls Beweise zu sichern. Wenn ein Kind Verletzungen im Genitalbereich hat oder wenn es sich Ihnen konkret anvertraut.

Sofortiges Handeln bedeutet in dem Fall: sofortige Kontaktaufnahme mit dem Jugendamt. Gemeinsam kann dann überlegt werden, ob das Kind medizinisch untersucht werden muss oder ob es sofort aus der Familie genommen werden muss.

Was Eltern tun können, deren Kind sexuell missbraucht wurde oder die einen solchen Verdacht haben

> »Reagieren die Eltern ablehnend oder bestrafend, entwickeln die Kinder meist schwerwiegende Verhaltensauffälligkeiten. Gehen die Eltern einfühlsam mit den Kindern um, mildert dies die Auswirkungen des sexuellen Missbrauchs.«[119]
> Dirk Bange, Erziehungswissenschaftler

- Wichtig ist, dass Eltern ihrem Kind glauben, wenn es von Bedrohungen, Erniedrigungen und Ängsten erzählt.
- Loben Sie Ihr Kind, für den Mut, den es hatte, sich Ihnen anzuvertrauen, und sagen Sie ihm, dass es jederzeit mit Ihnen darüber sprechen kann, wenn es möchte.
- Bemühen Sie sich darum, selber ruhig zu bleiben. Es ist wichtig, dass das Kind nicht das Gefühl hat, mit seinen Erzählungen »jetzt auch noch seinen Eltern Kummer zu machen«.
- Sagen Sie dem Kind ganz klar, dass es selbst keine Schuld hat an dem, was geschehen ist. Ausschließlich der Täter hat die Verantwortung für das, was passiert ist.
- Wenn der Missbrauch schon einige Zeit zurückliegt oder schon seit längerem andauert, dann werfen Sie dem Kind bitte nicht vor, dass es »erst jetzt« zu Ihnen kommt.
- Nehmen Sie das Kind ernst in dem, was es sagt: »Das ist doch nicht so schlimm«, ist kein hilfreicher Satz, ebenso wenig wie: »Das Schwein, ich bring ihn um.« Trost geben heißt in dem Falle: da sein, Verständnis haben und zuhören, wenn das Kind sprechen möchte.

- Garantiert keinen Kontakt mehr mit dem Täter herstellen. Wenn es zum Beispiel der Gemüsehändler um die Ecke ist, sollte man dort auf keinen Fall mehr das Gemüse kaufen.
- Ein Ziel ist es, dass das Kind vor der Person, die ihm etwas angetan hat, dauerhaft geschützt ist.
- Wenden Sie sich an eine Beratungsstelle: Gemeinsam mit den Fachleuten können Sie in Ruhe weitere Fragen bezüglich therapeutischer Hilfe, eines eventuellen Arztbesuchs, einer Anzeige bei der Polizei oder Rat in Bezug auf Ihr eigenes Verhalten bekommen.

Weitere Informationen dazu finden Sie in der Broschüre der Arbeitsgemeinschaft Kinder- und Jugendschutz »Gegen sexuellen Missbrauch an Mädchen und Jungen« (2009).

13. Sinnvolle Prävention in Institutionen

> »Gegen Kinderpornographie zum Beispiel sind wir unisono. Für Programme aber, die Kinderleben retten können, sind im Ernst nur wenige, weil es Geld und Gemütlichkeit kostete und eine andere Art zu leben erforderte.«[120]
> Prof. Volkmar Sigusch, Sexualforscher

Gute Prävention ist das beste Mittel, um Kinder zu stärken und zu schützen. Aber es gibt kein Allheilmittel. Wir können Kinder nicht vor jeder erdenklichen bedrohlichen Situation bewahren – das würde einer kompletten Kontrolle gleichkommen, und selbst die wäre kein Garant für einen Rundumschutz.

Sexualerziehung in Schulen

Seit mehr als dreißig Jahren ist Sexualaufklärung fest in den Lehrplänen der Grundschulen verankert. Aus gutem Grund ist das so. Aber immer noch sind es nur einzelne Lehrkräfte, die das Thema ausführlich in all seinen Facetten aufgreifen. Begründungen dafür gibt es viele: »Die Klasse hatte zu viele Lehrerwechsel«, »Ich bin erst seit einem halben Jahr in der Klasse«, »Wir haben zu viel anderen Stoff«, »Ich weiß nicht, wie ich es vermitteln soll«.

Für Lehrer ist Sexualaufklärung oft nicht leicht. Einerseits sind die Schüler bei diesem Thema vielleicht vorsichtiger: »Diese Lehrer geben auch Noten, kennen meine ›Schwächen‹ und jetzt soll ich mit denselben Menschen, die mich sonst disziplinieren, über so intime Dinge sprechen?«

Lehrer haben es vielleicht selber nicht gelernt, über Sexualität zu reden, besonders nicht in sachlicher und respektvoller, spannender und bejahender Weise. Vielleicht steht auch die Rektorin dem Thema misstrauisch gegenüber und es gibt Druck, den anderen »Stoff«, der als viel lebensnotwendiger eingestuft wird, durchzubringen. Es ist dann eine vertane Chance, die Kinder gut zu begleiten, und die Aufklärung wird nicht selten dem Internet überlassen.

In der Schule könnten die Themen »Gefühle, Körper, Sexualität« als wichtige Facetten von Lebenskompetenz vermittelt werden. Dafür brauchen die jeweiligen an diesem Thema interessierten Lehrer Unterstützung von Seiten der Schulleitung, des Kollegiums und natürlich vonseiten der Eltern. Auch können sich Lehrer organisatorische oder persönliche Unterstützung von unabhängigen Stellen wie pro familia holen.

Klare Strukturen in Institutionen

> »Einrichtungen, die unterstrukturiert sind, wo es kaum Regelungen oder Absprachen und keine klaren Funktionsbeschreibungen gibt, wo Abläufe nicht wirklich klar sind, da gibt es Freiräume, die entsprechend ausgenutzt werden.«[121]
> Michael Herschelmann

Klare Strukturen in Schulen, Kindergärten und sonstigen Einrichtungen schaffen Sicherheit für alle Seiten, für die Kinder, die Fachkräfte, die Leitung und die Eltern. Sie bieten Orientierungspunkte im Alltag und Anker, wenn Hilfe nötig ist. Klare Strukturen lassen sich an verschiedenen Merkmalen erkennen:

- Klare Zuständigkeitsbereiche: Jedem ist klar, wer in der Einrichtung für welche Aufgaben zuständig ist, wer welche Kompetenzen hat.
- Teilhabe-Forum: Die Jungen und Mädchen in der Einrichtung haben die Möglichkeit, sich zu informieren, sich mitzuteilen, gehört zu werden und sich zu treffen.
- Transparenz innerhalb der Einrichtung: Eine Kultur der Transparenz, die ermöglicht, kritische Dinge anzusprechen, ohne sich der Gefahr auszusetzen, als Nestbeschmutzer oder als unkollegial gegenüber anderen Mitarbeitern zu gelten.
- Transparenz nach außen: Neben den pädagogischen Fachkräften gibt es außen stehende Ansprechpartner, an die sich sowohl die Kinder und Jugendlichen als auch die Mitarbeiter mit Kritik oder Problemen wenden können. Das können zum Beispiel Mitarbeiter des nahe gelegenen Kinderschutz-Zentrums sein, dessen Telefonnummern allen bekannt und zugänglich sind.
- Sexualpädagogisches Konzept: Es gibt ein sexualpädagogisches Konzept und alle sind darüber informiert.
- Selbstbeobachtung und Fremdbeobachtung: Jede Einrichtung, sei es eine Heimgruppe, ein Sportverein, eine Schule oder eine Kindertagesstätte, die selbstverständlich davon ausgeht: »Wir sind eine gute Institution, die Kinder fördert und schützt«, behindert den klaren Blick auf sich selbst. Eine solche Setzung wird möglicherweise nicht hinterfragt oder nicht angetastet. Es ist wichtig, sie immer wieder infrage zu stellen und seine Konzepte zu überprüfen. Wer das Gute als gesetzt annimmt, macht sich blind für eigene Fehler und Kritik.[122]

Gute Präventionsprogramme machen Kinder nicht ängstlicher

Angela Könnecke und Michael Herschelmann vom Kinderschutz-Zentrum Oldenburg sind in einer Selbst-Evaluations-Studie gemeinsam mit der Oldenburger Carl von Ossietzky Universität der Frage nachgegangen: »Wie wirksam sind wir eigentlich mit unseren Präventionskonzepten?« Nachdem sie in zwei vierten Klassen ihr mehrwöchiges Präventions-Programm »Ich bin ich, du bist du und das sind wir« durchgeführt hatten, wurden die Kinder und die Eltern befragt und mit einer Gruppe, die nicht an dem Programm teilgenommen hat, verglichen. Die Ergebnisse zeigen unter anderem: Kinder, die an diesem Programm teilgenommen haben, wissen besser, wie sie sich in schwierigen Situationen verhalten sollten. Sie haben gelernt, dass ihre Gefühle und ihre Intuition wichtig sind und dass sie niemals Schuld haben, wenn ihnen trotzdem etwas zustößt. Die Autoren geben jedoch zu bedenken, dass sie natürlich keine Aussagen dazu treffen können, inwieweit die Kinder in einer realen Situation tatsächlich in der Lage wären, ihr Wissen umzusetzen.[123]

Gute Präventionsprogramme richten sich zunächst an die Erwachsenen

Schnellprogramme für Kinder, die Erwachsene nicht einbeziehen, sind mit Skepsis zu betrachten. Soll in einer Einrichtung ein gutes Präventionsprogramm gegen sexuellen Missbrauch eingeführt werden, dann sollten zunächst die Erwachsenen, das heißt die Eltern, Lehrer und sonstigen pädagogischen Fachkräfte, informiert und geschult werden. Diese müssen Gelegenheit haben,

Fragen zu stellen und ihre Bedenken anzusprechen. Nur so ist es ihnen möglich, die Kinder auch in vielleicht heiklen Situationen gut zu begleiten.

> »Eine Selbstverteidigung von Kindern ist in den allermeisten Fällen völlig unrealistisch.«[124]
> Dirk Bange, Diplom-Pädagoge

Ein Wochenende Selbstverteidigung oder der Besuch einer Kampfsportschule können für den Schutz der Kinder sogar kontraproduktiv sein. Sie sind stark auf den Fremdtäter ausgerichtet, etwa wenn sie nur auf Befreiungstechniken – zum Beispiel aus dem Auto – setzen. Denn sie führen nicht selten zu der Illusion, dass Kinder geschützt wären und sich selber helfen können. Dies kann möglicherweise zu größerer Unvorsichtigkeit beitragen.

Und das Kind wird unter mehr Schuldgefühlen leiden, wenn tatsächlich etwas passiert. Es denkt: »Ich wusste ja, ich hätte mich wehren müssen, ich hab mich aber nicht gewehrt, dann bin ich auch selber schuld.« Was natürlich beides nicht stimmt.

Ein einzelnes Aufklärungswochenende, durchgeführt von einem Lehrer oder einer Fachberaterin, ist isoliert eingesetzt ebenso wenig hilfreich. Gute Prävention muss auf mehreren Ebenen ansetzen, bei den Eltern, den Erziehern, den Lehrkräften, der Institution als solche und bei den Kindern.

> »Präventionsarbeit hat sich dahingehend verändert, dass es nicht mehr darum geht, den Kindern das ›Nein-Sagen‹ anzutrainieren, sondern vor allem die Erwachsenen – die Eltern und die Fachleute – mit ins Boot zu holen, weil wir die Verantwortung für den Schutz der Kinder bei uns Erwachsenen sehen.«[125]
> Michael Herschelmann

Gute Präventionsprogramme sind langfristig angelegt

Manche Einrichtungen buchen einmalig ein Theaterprojekt und haben dann das Gefühl: »Wir haben ja Prävention gemacht.« Das ist Augenwischerei. Kinder brauchen Zeit und Raum und die Möglichkeit, einen positiven Zugang zu sich, ihrem Körper und ihren Gefühlen mitnehmen zu können. Sie müssen Fragen stellen können und mitmachen dürfen. Sie brauchen die Gelegenheit, sich mit dem Thema zu entwickeln.

Gute Präventionsprogramm setzen auf mehreren Ebenen an

Damit Präventionsmaßnahmen wirksam sind, darf es nicht nur um die Personen gehen, nicht nur um die Kinder, Eltern oder Lehrer, sondern es muss auch um die Institution gehen und um ihre Kultur des Miteinanders. Aber auch um die Einbettung der Institution in einen sozialen Lebensraum, in ein Dorf, einen Stadtteil. Welche speziellen Rahmenbedingungen gibt es? Kennt jeder jeden und gibt es einen gemeinsamen sozialen Raum außerhalb der Einrichtung oder ist die Umgebung sehr großstädtisch und anonym, sobald die Kinder die Einrichtung verlassen?

Gute Präventionsprogramme stellen nicht das Problem an den Anfang

Stärkung von Selbstsicherheit gelingt nicht, indem Angst erzeugt wird, sondern durch die Beschäftigung mit den eigenen Stärken, durch die Erlaubnis, alle Gefühle haben zu dürfen und über seinen Körper selber bestimmen zu dürfen. Das heißt, dass auch bei einer guten Prävention die positiven Aspekte an den Anfang gestellt werden. Zum Beispiel sind solche Botschaften wichtig: »Zärtlichkeit ist eine schöne Sache, wenn beide es wollen.« Erst von dieser Basis der Selbstbestimmung aus können Kinder den folgenden Satz wirklich verinnerlichen: »Wenn jemand über deine Grenzen geht, ist das nicht okay, du darfst darüber sprechen und dir Hilfe holen.«

Gute Präventionsprogramme werden von qualifizierten Beratungsstellen durchgeführt

Mitarbeiter von qualifizierten Beratungsstellen wissen, wie traumatisierte Kinder Gewalterfahrungen verarbeiten. Bei Präventionskursen kommt es immer wieder vor, dass Kinder sich nachher den Beraterinnen oder der Lehrerin anvertrauen. Professionelle Berater müssen wissen, welche Signale Kinder bei Gewalterfahrungen senden und wie sie bei einem Verdacht vorgehen können, ohne das Wohl des Kindes zusätzlich zu gefährden.

Gut vorbereitete Institutionen haben ein Gewaltpräventionskonzept

Schulen, die für sich ein gutes Konzept haben, sind besser gerüstet. Sie warten nicht ab, bis zum Beispiel ein Exhibitionist vor der Schule aufkreuzt, ein Lehrer die Schülerinnen im Sportunterricht an die Brust fasst oder ein Schüler einen Mitschüler auf der Toilette sexuell bedrängt. Sie wählen in Ruhe Programme aus, die sie eventuell mitmachen möchten, und überlegen, was sie selber als Lehrkräfte tun können.

Prävention sieht bei Jungen und Mädchen unterschiedlich aus, weil sie unterschiedlich auf einen Missbrauch reagieren

> »›Du Opfer‹ ist ja ein Schimpfwort und das ist keine Rolle, in die ein Junge positiv gehen kann, wenn er von Gewalt tatsächlich betroffen ist.«[126]
> Michael Herschelmann

»Bei Mädchen muss man sich viel mehr Sorgen machen«, ist eine weit verbreitete Meinung. Dass hauptsächlich Mädchen Opfer werden, dass Mädchen ungeschützter sind, ist in vielen Köpfen von Erwachsenen verankert. Mädchenaufklärung wird daher häufig im Sinne einer »Schutz-Aufklärung« betrieben. Jungen hingegen gelten als aktiv, als Macher, auch als Täter. Aber Jungen können auch Opfer werden. Und für Jungen ist die Hürde, sich jemandem anzuvertrauen, wenn sie einen Übergriff erlebt haben, noch größer als für Mädchen. Opfer zu sein, das passt nicht in das Bild, mit dem Jungen aufwachsen, nämlich dass Jungen stark sein müssen und hart und cool und dass sie nicht weinen dürfen. Um damit fertig zu werden, dass sie in einer Situation hilflos und klein und wehrlos waren oder sind, bagatellisieren sie häufig sexuelle Gewalt: »Ist nicht so schlimm gewesen«, »Ach, war ja gar nichts«. Oder sie deuten das Geschehene um: »Es war eine Einführung in die Liebe«, »Das war doch toll, was die da mit mir gemacht hat.« Das sind Schutzreaktionen, um die eigene Betroffenheit abzuwehren. Weil so ein Übergriff sonst ein Versagen ist. Denn Jungs sind

Helden, denen passiert so etwas nicht, die wissen, was zu tun ist. So müssen sie ihre Gefühle abwerten oder verdrängen oder aktiv nach außen richten. Das erschwert es ihnen, nach Hilfe zu suchen und sich anzuvertrauen.

Achtzig bis neunzig Prozent der Missbrauchsdelikte an Jungen werden von Männern verübt. Homosexualität ist auch eine Sache, die nicht mit der traditionellen Vorstellung von Männlichkeit zusammenpasst. Wenn ein Junge von einem Mann zu sexuellen Handlungen genötigt wurde, so muss er zudem die Angst abwehren, schwul zu sein. Einige versuchen ihre Angst zu kompensieren, indem sie ihre Männlichkeit durch aggressives Verhalten nach außen unter Beweis stellen, zum Teil, indem sie sexuell übergriffig handeln.

Jungen brauchen genauso wie Mädchen Schutz, Aufklärung und Hilfe zur Entfaltung eines stabilen Selbstwertgefühls. Und dafür müssen sie lernen und vorgelebt bekommen: Auch Jungen haben Gefühle, auch sie sind verletzlich, auch sie dürfen sich Hilfe holen, und es ist normal, dass sie manchmal Hilfe brauchen.

In der präventiven Jungenarbeit stellen Fachleute fest, dass Jungen sich sehr für das Thema »Sexueller Missbrauch« interessieren. Manche haben übergriffiges Verhalten erlebt. Präventive Jungenarbeit lenkt das Augenmerk in zwei Richtungen: Jungen in ihren Lebenskompetenzen zu stärken und gleichzeitig ihre Empathiefähigkeit zu fördern. Denn, so haben Wissenschaftler herausgefunden, Menschen, die sich in andere einfühlen können, werden nicht so schnell zu Tätern.[127]

Gute Prävention sollte keinen Generalverdacht gegen Väter und männliche Erzieher beinhalten

Väter fühlen sich häufig in einer Zwickmühle. Sie wollen auf keinen Fall in den Verdacht geraten, ihr Kind zu missbrauchen, andererseits wollen sie ihre Rolle als wichtigster und liebevoller Beschützer der Kinder wahrnehmen. In vielen Fällen sind sie verunsichert und fragen sich: Was darf ich mit meinen Kindern tun? Was darf ich nicht?

Väter und Stiefväter, aber auch männliche Erzieher wissen nicht genau, wie sie sich Kindern und Jugendlichen gegenüber verhalten sollen. Schließlich könnten sie ja als potentielle Täter gesehen werden. Es gibt Väter, die ihre Kinder und die Kinder ihrer Freundin missbrauchen. Aber es gibt auch andere, und das ist die große Mehrheit. Väter, die ihre Kinder lieben und mit ihnen zärtlich in Kontakt sein möchten. Nur wo ist Schluss mit der körperlichen Nähe? Dürfen sie noch mit ihrer Tochter baden? Dürfen sie sich noch zu ihrem Sohn ins Bett legen zum Kuscheln? Was, wenn sich die Vierzehnjährige bei ihrem Vater auf dem Schoß einrichtet oder ihn auf den Mund küsst? Väter wollen sich manchmal aus der Verdachtszone heraushalten. So meiden sie körperliche Nähe, besonders mit ihren pubertierenden Töchtern. Sie ziehen sich zurück, aus Angst, etwas falsch zu machen. Dabei ist ihre Präsenz so wichtig.

Aus Angst vor zweideutigen Situationen, vor einer verfänglichen Nähe, vor den Blicken oder Gedanken anderer, aus Unsicherheit, ob sie die Grenzen genau ziehen können, verabschieden sich viele vorsorglich aus der Beziehung zu ihren pubertierenden Töchtern. Und genau dort fehlen sie dann, als Beschützer, als Wegweiser, als männliches Vorbild, an dem die Mädchen ausprobieren können: »Wie wirke ich auf Männer?«,

»Werde ich gesehen?« und: »Werde ich geschätzt?« Väter könnten ihnen Antworten geben, die sie sicherer machen und ihr Selbstwertgefühl stärken.

Väter, denen bewusst ist, dass es in solchen Situationen lediglich um ein Ausprobieren der Töchter geht, können über dieses Wissen ihre Sicherheit finden. Wenn sie ihre eigene Grenze kennen und sich klarmachen, dass die Tochter keine reale Verführung im Sinn hat, können sie ihr durchaus Komplimente über ihr Äußeres machen oder sich mit ihr über Themen wie Liebe und Verhütung unterhalten. Was sich vermittelt, ist die Haltung, die sie haben.

Das ist wichtig zu wissen und gibt Sicherheit. Väter können mit ihren Töchtern baden, solange sie auf die Grenzen achten. Wenn die kleine Tochter oder der kleine Sohn am Penis zieht, dann sollten sie eine Grenze ziehen: »Nein, das ist mein Bereich, ich möchte nicht, dass du da anfasst.« Es kann auch passieren, dass der Vater eine Erektion bekommt in dieser Situation, dann sollte er die Badewanne verlassen. Problematisch ist es, wenn er einen Lustgewinn daraus zieht und darüber hinaus dafür sorgt, dass dieses Ereignis geheim gehalten wird. Das wäre dann der Übergang zu sexuellem Missbrauch.

Auch männliche Erzieher stehen unter Verdacht. Viele Eltern wünschen sich mehr männliche Erzieher, mehr männliche Bezugspersonen für ihre Kinder. Andererseits – wenn sie da sind, steht oft die Frage im Raum: Dürfen sie die Kinder wickeln oder mit ihnen alleine im Raum sein? Um solchen Unsicherheiten entgegenzutreten, sind klare Strukturen in einer Einrichtung hilfreich. Transparenz, offene Diskussionen über das Thema Missbrauch und Vorgaben bei Einstellungen von Erziehern, die Menschen mit pädosexuellen Interessen abschrecken, sind wichtig. Für die männlichen Erzieher selbst gibt es in mehreren Städten Arbeitskreise, in denen sie sich aktiv mit dem Thema auseinandersetzen und Unterstützung bekommen können, wie sie sich transparent und angemessen verhalten können.

Gute Prävention braucht Transparenz zwischen Eltern und Team

Die beste Aufklärungsarbeit in einer Einrichtung nützt nur bedingt etwas, wenn die Eltern zu Hause genau das Gegenteil von dem sagen und tun, was die Kinder in der Einrichtung lernen. Kinder kommen dann in Konflikte. Wenn sie im Kindergarten lernen, dass »nein« sagen erlaubt ist, und wenn sie dann andererseits für das gleiche Verhalten zu Hause mit Strafen rechnen müssen, so hilft ihnen das Gelernte nicht wirklich. Sie sind verwirrt und hin- und hergerissen und lernen vielleicht: »Das, was ich in der Einrichtung lerne, stimmt ja gar nicht.«

Für das Team bedeutet das: Es ist große Sensibilität erforderlich, um die häusliche Situation der Kinder richtig einzuschätzen. Und um zu beurteilen: Gibt es eine Möglichkeit, mit den Eltern darüber ins Gespräch zu kommen?

Eltern, die den Eindruck haben, dass etwa in der Kindertagesstätte weggeschaut wird, wenn es um das Thema »übergriffiges Verhalten« geht, können sich einmischen, indem sie einen Elternabend zum Thema »Sexualerziehung« anregen, zu dem ein Experte oder eine Expertin von außen eingeladen wird. Diesen Abend könnte man als Anlass nehmen, um sich auszutauschen und weitere Schritte in Richtung einer guten Prävention zu planen.

Was ein Team tun kann

Einrichtungen, die sich aktiv mit dem Thema auseinandersetzen, bieten die beste Prävention. Erweiterte Führungszeugnisse für alle pädagogischen Fachkräfte, die mit Kindern arbeiten, sind mittlerweile üblich. Seit Mai 2010 müssen Menschen, die beruflich oder ehrenamtlich im Kinder- und Jugendbereich arbeiten, solche Zeugnisse vorlegen. Hier wird bescheinigt, dass die Personen keine amtlich gewordenen Sexualstraftaten begangen haben. Das sollten Arbeitgeber auch sehr ernst nehmen. Weiterhin ist ein sexualpädagogisches Konzept, zu dem alle Mitarbeiter beitragen können, hilfreich. Bei Neueinstellungen kann man direkt mit den Bewerbern über die Gefahren von sexuellem Missbrauch in Institutionen sprechen. Und bei Neuanmeldungen kann man Eltern das sexualpädagogische Konzept erläutern.

Thematisieren, bevor es zum Thema wird, führt in die richtige Richtung. Das heißt auch, dass Sexualerziehung und sexueller Missbrauch regelmäßig zum Thema gemacht werden und auch immer wieder Elternabende dazu stattfinden. Hilfreich und entlastend ist eine externe Supervision.

14. Kinderschutz geht alle an

> »Die öffentliche Sensibilität für Probleme der Kinder muss durch eine gesellschaftliche Ächtung körperlicher Strafen und erniedrigender Erziehungspraktiken gesteigert werden.«[128]
> Renate Blum-Maurice, Kinder- und Familientherapeutin

Sexualerziehung mit positiven Vorzeichen

Zwei gegensätzliche Tendenzen sind unter Eltern, aber auch unter Fachleuten auszumachen. Es gibt jene, die sich mit dem Thema Missbrauch auseinandersetzen, und andere, die wegschauen, die Angst haben vor der »Versexualisierung« der Kinder.[129]

Sexualerziehung mit positiven Vorzeichen heißt, dass es in Präventionsprogrammen zuallererst um die normale Sexualerziehung geht, um einen selbstverständlichen, lustvollen Umgang mit Körperlichkeit und Sexualität ohne Angst.

Mit geschärften Sinnen für ihre eigenen Bedürfnisse und für ihren eigenen Körper sind Kinder am besten »aufgestellt«. Dieses selbstbewusste Körpergefühl kann dann entstehen, wenn Eltern sich informieren, wenn sie sich den Fragen und Herausforderungen stellen und ihre eigenen Haltungen immer wieder – gegebenenfalls gemeinsam mit anderen – überprüfen. Elternabende speziell zum Thema Sexualerziehung sollten ein ganz normaler Baustein der pädagogischen Arbeit in Kindertagesstätten und Schulen werden. Der scheinbar tabulose Umgang mit Sexualität in der Öffentlichkeit täuscht darüber hinweg, dass sowohl Kinder als auch Eltern oft nicht gut über Sexualität und Körperlichkeit informiert sind. Das zu verändern wäre ein Ziel. Die Medien könnten etwas dazu beisteuern, indem sie über Körperlichkeit und Sexualität als etwas Schönes und gleichzeitig Schützenswertes berichten, indem das Thema Missbrauch weiterhin nicht tabuisiert wird und auch nicht zu reißerischen Hetzjagden auf einzelne Personen aufgerufen wird.

Wenn jemand eine Sexualstraftat begangen hat, sind wir alle sehr empört und fassungslos. Zu Recht. Wir distanzieren uns aufs Schärfste von der Tat und von dem Täter. Dabei müssen wir aufpassen, die eigene Haltung nicht aus dem Blick zu verlieren. Wenn wir einen »Menschen, der so etwas macht«, vor Augen haben, ist es leicht, sich abzugrenzen und den eigenen Umgang mit dem Thema – der vielleicht manchmal schwammig und nicht ganz eindeutig ist – hintanzustellen. So werden eigene Unsicherheiten abgespalten. Ein Ziel könnte es sein, in den Köpfen und Herzen der Kinder wie auch der Erwachsenen zu verankern, dass der Körper nie vor der Tür bleibt, dass er zu uns gehört und dass über ihn und über Sexualität wertschätzend gesprochen werden kann. So könnte ein Umdenken in der Gesellschaft gelingen.

Gesellschaftliche Konsequenzen

Das Thema »sexueller Missbrauch« ist so unangenehm, dass man sich damit nicht ständig befassen möchte. Es sorgt für Aufregung, Empörung, Sensationslust, aber es verschwindet dann auch wieder, weil seine ständige Präsenz so schwer auszuhalten ist. Wie kann man dieses Thema als dazugehörig einstufen, ohne ständig in Alarmbereitschaft zu sein? Auch das geht nur über einen besonnenen und bewussten Umgang, auch seitens der Politik. Programme, die Aufmerksamkeit erregen, aber nur kurzfristig gedacht sind und nicht ins Detail gehen, sind nicht hilfreich. Qualität in der Ausbildung der Fachkräfte zeichnet sich durch eine länger dauernde und umfassende Vermittlung von Inhalten und Übung aus. Das heißt, dass ein Fortbildungswochenende zum Thema »Sexueller Missbrauch« nichts nützt. Solche Angebote geben nur den Arbeitgebern das gute Gefühl: »Wir haben etwas getan, um unsere Mitarbeiter zu schulen.« Aber das ist eine Illusion. Die Mitarbeiter müssen ausführlich in längeren Prozessen über das Thema aufgeklärt werden und einen passenden Umgang damit finden. Mit Halbwissen können sie mehr Schaden anrichten als nützen. Fortbildungen und Beratungen sind Sisyphusarbeiten. Es müssen immer wieder neue Mitarbeiter geschult und alte weiter ausgebildet werden. Die meiste Arbeit steckt nicht in öffentlichkeitswirksamen Vorzeigeprojekten, sondern in der Kleinarbeit in den Jugendämtern und Beratungsstellen.

> »Wir sind am wirksamsten, wenn wir kontinuierlich, gut ausgebildet und unaufgeregt arbeiten können.«
> Arthur Kröhnert, Bundesgeschäftsführer der Kinderschutz-Zentren

Inhaltlich ist es wichtig, dass dabei berücksichtigt wird, dass sexuelle Gewalt häufig einhergeht mit anderen Gewaltformen. Wichtige Bereiche, die noch wenig beachtet und erforscht sind, müssen in den Blick genommen werden. Dazu gehört die Frage, wie man einen besseren Zugang zu Migrationsfamilien finden kann und welche spezielle Unterstützung Kinder mit Behinderungen benötigen. Sexueller Missbrauch ist kein nationales Phänomen. Der Blick über den Tellerrand, eine gute Zusammenarbeit aller beteiligten Institutionen und eine länderübergreifende Vernetzung sind wesentliche Bausteine zu einem gelingenden Kinderschutz.[130]

Maßnahmen im Kinderschutz kosten Geld. Wenn eine Beratungsstelle für missbrauchte Männer in Berlin, die einzige weit und breit, sich mühselig mit 400-Euro-Jobs über Wasser hält, so muss das umgehend geprüft und verändert werden. Professor Mechthild Wolff, Erziehungswissenschaftlerin und Mitglied des Runden Tisches, betont die Wichtigkeit von verankerter Fachlichkeit in Institutionen und erklärt zum Thema Prävention:

> »Der Schutz von Kindern kann keine Frage des guten Willens sein.«[131]

Mit anderen Worten: Der Schutz von Kindern ist die Pflicht der Erwachsenen.

Danke

An alle Interviewpartnerinnen und Interviewpartner,

an die Jugendlichen für direkte, offene Antworten,

an Dilek Atalay, Martin Müsgens, Dr. Michael Herschelmann, Sigrid Arabin-Möhrer, Ruth Schwarzenberg, Arthur Kröhnert, Gisela Braun, Dr. Dirk Bange und Lea Schwarzer für Interviews und wichtige Hinweise,

an Heike Hermann für Idee und Begleitung,

an Luca, Jana und Heiner fürs Abhauen und Wiederkommen und Da-Sein.

Literatur

Abschlussbericht der Unabhängigen Beauftragten zur Aufarbeitung des sexuellen Kindesmissbrauchs, Dr. Christine Bergmann. Hrsg.: Geschäftsstelle der Unabhängigen Beauftragten zur Aufarbeitung des sexuellen Kindesmissbrauchs, Berlin, April 2011

Andresen, Sabine/Heitmeyer, Wilhelm (Hrsg.): *Zerstörerische Vorgänge – Missachtung und sexuelle Gewalt gegen Kinder und Jugendliche in Institutionen,* Beltz Juventa, Weinheim und Basel, 2012

Badenschier, Franziska: »Körper, Liebe, Doktorspiele«. Von der Leyen stoppt umstrittene Aufklärungsbroschüre, in: *Spiegel Online,* 31.7.2007, http://www.spiegel.de/politik/deutschland/koerper-liebe-doktorspiele-von-der-leyen-stoppt- umstrittene-aufklaerungsbroschuere-a-497527.html (Zugr.: 30.12.2012)

Balluseck, Hilde: Macht und Sexualität in pädagogischen Beziehungen, in: *ErzieherIn.de. Das Portal für die Frühpädagogik,* 30.4.20120, http://www.erzieherin.de/macht-und-sexualitaet-in-paedagogischen-beziehungen.php (Zugr.: 30.7.2012)

Bange, Dirk: Sexueller Missbrauch an Mädchen und Jungen, in: *BZgA Forum* 1/2-1997, S. 14–21

Bange, Dirk: Definition und Häufigkeit von sexuellem Missbrauch, in: Körner, Wilhelm/Lenz, Albert (Hrsg.), *Sexueller Missbrauch,* Bd. 1, Hogrefe, Göttingen 2004, S. 29–37

Bange, Dirk/Deegener, Günther: *Sexueller Missbrauch an Kindern. Ausmaß – Hintergründe – Folgen,* PVU, Weinheim 1996

Behnisch, Michael/Rose, Lotte: Frontlinien und Ausblendungen. Eine Analyse der Mediendebatte um den Missbrauch in pädagogischen und kirchlichen Institutionen des Jahres 2010, in: Andresen, Sabine/Heitmeyer, Wilhelm (Hrsg.): *Zerstörerische Vorgänge – Missachtung und sexuelle Gewalt gegen Kinder und Jugendliche in Institutionen,* Beltz Juventa, Weinheim und Basel 2012, S. 308 ff. (Gekürzt unter verändertem Titel als PDF-Datei unter: http://www.verlag-neue-praxis.de/wp-content/uploads/2011/10/np4-11-behnisch_rose.pdf, Zugriff: 30.7.2012)

Bismarck, Otto von: Über Königtum und Priestertum. Rede im Preußischen Herrenhaus am 10. März 1873. Aus: Fürst Bismarcks gesammelte Reden. Band I. 12. Tausend. Berlin: Siegfried Cronbach, 1895. S. 421

Blum-Maurice, Renate: »Ich werd' dir helfen …« Systemprobleme modernen Kinderschutzes, in: *BZgA Forum* 1/2 1997, S. 7–9

Both, Denise: Die Liebe macht's. In: www.elternzeitschrift.org (03/2011)

Bowlby, John: *Mutterliebe und kindliche Entwicklung,* Ernst Reinhard Verlag, München 1972

Burkett, Elinor/Bruni, Frank: *Das Buch der Schande. Kinder, sexueller Missbrauch und die katholische Kirche,* Piper, München 1997

BZgA: Forschung und Praxis der Sexualaufklärung und Familienplanung: *Wissenschaftliche Grundlagen. Teil 1 – Kinder,* Köln 1999. (3. Aufl. 2004 als PDF-Datei unter: http://www.sexualaufklaerung.de/cgi-sub/fetch.php?id=354, Zugriff: 30.7.2012)

BZgA: *Jugendsexualität. Repräsentative Wiederholungsbefragung von 14- bis 17-Jährigen und ihren Eltern – aktueller Schwerpunkt Migration,* Köln, 2010, http://www.forschung.sexualaufklaerung.de/fileadmin/fileadmin-forschung/pdf/Jugendsexualit%C3%A4t.pdf (Zugriff: 30.7.2012)

Briken, Peer/Richter-Appelt, Hertha: Sexueller Missbrauch – Betroffene und Täter, in: *BZgA Forum* 3–2010, S. 39–44

Deegener, Günther (Hrsg.): *Sexuelle und körperliche Gewalt. Therapie jugendlicher und erwachsener Täter*, PVU, Weinheim 1999

Deegener, Günther: *Kindesmissbrauch. Erkennen – Helfen – Vorbeugen,* Beltz, Weinheim 2010

Denso, Christian: Im Jahr des Missbrauchs. Ob in der Kirche oder an der Odenwaldschule: Die Täter waren nicht allein, in: *Die Zeit,* 22.12.2010; *Zeit Online,* 26.12.2010, http://www.zeit.de/2010/52/P-Meinungsleiter (Zugr.: 30.7.2012)

Dörr, Margret: Nähe und Distanz, in: BZgA Forum 3–2010, S. 20–24

Dohnanyi, Johannes von: Die Kälter der Eltern, Missbrauch im Internat: Warum manche Väter und Mütter mitschuldig sind. Eine Anklage, in: *Die Zeit,* 15.4.2012; *Zeit Online,* 15.4.2010, http://www.zeit.de/2010/16/Odenwaldschule-Mitschuld-Eltern (Zugriff: 30.7.2012)

Enders, Ursula (Hrsg.): *Zart war ich, bitter war's. Handbuch gegen sexuellen Missbrauch,* Kiepenheuer & Witsch, Köln, 4. Aufl. 2009

Enders, Ursula (Hrsg.): *Grenzen achten,* Kiepenheuer & Witsch, Köln 2012

Finger, Evelyn: »Schluss mit dem Täterschutz« – Ein Gespräch mit Norbert Denef vom Netzwerk Betroffner, in: *Die Zeit,* 24.11.2011; *Zeil Online,* 27.11.2011, http://www.zeit.de/2011/48/Opfer-Missbrauch (Zugr.: 30.7.2012)

Feil, Christine: »Kinder wollen im Internet nicht anonym sein«. Was Kinder im Internet suchen und wovor Eltern sie schützen sollten: Die DJI-Wissenschaftlerin Christine Feil über das Informationsverhalten von Kindern im Internet. *DJI Impulse* 3–2011, S. 39–42

Freud, Sigmund: *Drei Abhandlungen zur Sexualtheorie,* Fischer, Frankfurt a.M. 2009

Freund, Ulli: Sexuelle Übergriffe unter Kindern – Eingreifen oder Gewähren lassen?, in: *Theorie und Praxis der Sozialpädagogik,* 6/2010, S. 22–25, im Internet unter: http://www.strohhalm-ev.de/kunde/pdf/1/Sexuelle_Uebergriffe_unter_Kindern_TPS.pdf (Zugriff: 30.7.2012)

Füller, Christian: Weniger sexuelle Gewalt (Studie zu Missbrauch an Kindern). *taz,* 18.10.2011, http://www.taz.de/!80181/ (Zugriff: 27.7.2012)

Gafga, Hedwig / Ott, Ursula: »Eltern, seid doch nicht so nett.« (Gespräch mit Jesper Juul und Melda Akbas) In: chrismon.de, Juli 2011, http: //chrismon.evangelisch.de/artikel/2010/eltern-seid-doch-nicht-so-nett-5840 (Zugriff 1.08.2012)

Gibran, Khalil: *Der Prophet*, Patmos, Ostfildern 2010

Gruber, Thomas: *Ratgeber für den Umgang mit sexuell auffälligen Jungen. erkennen – verstehen – handeln* (Hrsg.: Ministerium für Generationen, Familie, Frauen und Integration des Landes Nordrhein- Westfalen), Düsseldorf, 2006; im Internet: https:// services. nordrheinwestfalendirekt.de / broschuerenservice / download / 1183/ ratgeber – jungen - 04.pdf (Zugriff: 30.7.2012)

Grünewald, Stephan u. a.: *Qualitative Grundlagenstudie »Jugendschutz- und TV-Erotik«* (Studie im Auftrag von Institut für qualitative Markt- und Wirkungsanalysen, Köln, und Premiere-Medien-Gesellschaft, Hamburg, Köln und Hamburg 1997

Haimerl, Kathrin: Abschlussbericht zu Kindesmissbrauch – Ein unangenehmer Appell, in: *Sueddeutsche.de,* 24.5.2011; http:// www.sueddeutsche.de/politik/abschlussbericht–zu–kindesmissbrauch–ein–unangenehmer–appell-1.1101065 (Zugr.: 30.7.2012)

Härtling, Peter: *Ben liebt Anna,* Beltz & Gelberg, Weinheim u. a. 1997

Hebbel, Friedrich: *Aus meiner Jugend*, Kap. 1, BookRix 2011 (Online-Buch)

Helming, Elisabeth/Mosser, Peter: Wenn Betroffene sprechen, in: *DJI Impulse* 3-2011, S. 11–13

Herschelmann, Michael: Väter – verdächtigt, verunsichert, vernachlässigt? Erfahrungen mit Väterabenden in der Prävention von sexueller Gewalt gegen Mädchen und Jungen, in: *Kind – Jugend – Gesellschaft. Zeitschrift für Jugendschutz,* 48.Jg., 2/2003, S. 45–51

Herschelmann, Michael: Und wenn ich mal 'n Problem hab – Möglichkeiten sozialpädagogischer Jungenprojekte in Kooperation von Schule und Jugendhilfe, in: Klein, Christine/Schatz, Günther (Hrsg.), *Jungenarbeit präventiv! Vorbeugung von sexueller Gewalt an Jungen und von Jungen, Reinhardt,* München 2010, S. 90–110

Herschelmann, Michael/Czarnecki, Dorothea: Schauen Sie nicht weg! Präventionsarbeit gegen sexuelle Gewalt in der Grundschule: Stand und Perspektiven, in: *Grundschule* 9/2011, S. 16–18.

Herschelmann, Michael/Könnecke, Angela: Wie wirksam sind wir wirklich?, in: *Prävention,* 4.Jg., 1/2001, S.13–16.

Herzig, Sabine: Sexuelle Gewalt gegen Mädchen und Jungen – Begriffe, Definitionen, Zahlen und Auswirkungen, in: *BZgA Forum* 3–2010, S.3–6

Holzapfel, Nicola: »Die Aufarbeitung muss weitergehen«. Ein Interview mit Dr. Christine Bergmann, Unabhängige Beauftragte zur Aufarbeitung des sexuellen Kindesmissbrauchs, in: *DJI Impulse* 3/2011a, S. 9f.

Holzapfel, Nicola: (Interview) »Kinder wollen im Internet nicht anonym sein«. Was Kinder im Internet suchen und wovor Eltern sie schützen sollten: Die DJI-Wissenschaftlerin Christine Feil über das Informationsverhalten von Kindern im Internet. *DJI Impulse* 3/2011b, S. 39–42

Hoyh, Dunja: Gewaltverbrechen an Kindern – was können Eltern tun? In: *Eltern.de,* 27.8.2008; http://www.eltern.de/familie-

und-urlaub/familienleben/sexueller-missbrauch.html?page=1 (Zugriff: 30.7.2012)

JIM-Studie 2010: Jugend, Information, (Multi-) Media. Basisuntersuchung zum Medienumgang 12- bis 19-Jähriger. Hrsg. vom Medienpädagogischen Forschungsverbund Südwest, Stuttgart 2010, im Internet: http://www.mpfs.de/fileadmin/JIM-pdf10/JIM2010.pdf (Zugriff: 30.7.2012)

Kentler, Helmut: *Eltern lernen Sexualerziehung,* Rowohlt, Reinbek 1981.

KIM-Studie 2010: Kinder + Medien, Computer + Internet. Basisuntersuchung zum Medienumgang 6- bis 13-jähriger. Hrsg. vom Medienpädagogischen Forschungsverbund Südwest, Stuttgart 2011, im Internet: http://www.mpfs.de/fileadmin/KIM-pdf10/KIM2010.pdf (Zugriff: 30.7.2012)

Kirchhoff, Sabine: Kindliche Zeugen vor Gericht, in; *BZgA Forum* 1/2–1997, S. 26–30

Kleinschmidt, Lothar/Martin, Beate/Seibel, Andreas: *Lieben, Kuscheln, Schmusen,* Ökotopia-Verlag Münster 1999

Klemm, Torsten: Machtmissbrauch und sexuelle Gewalt in Institutionen am Beispiel des Umgangs mit Sexualität in der katholischen Kirche, in: *Sexuelle Gewalt an Kindern und Jugendlichen in Institutionen,* hrsg. von der Bundesarbeitsgemeinschaft der Kinderschutz-Zentren e.V., Köln 2011, S. 75ff.

Krause, Hans-Ullrich: Kinder in Einrichtungen schützen. Was machen erfolgreiche Institutionen anders? In: *Sexuelle Gewalt an Kindern und Jugendlichen in Institutionen,* hrsg. von der Bundesarbeitsgemeinschaft der Kinderschutz-Zentren e.V., Köln 2011, S. 125ff.

Kutsche, Johanna: Sex unter Geschwistern, in: *Zeit Online,* 31.7.2008; http://www.zeit.de/online/2008/32/missbrauch-inzest-geschwister (Zugriff: 30.7.2012)

Landesverwaltungsamt Sachsen Anhalt: *Sexuelle Übergriffe zwischen Kindern und Jugendlichen,* Halle, 2011, im Internet:

http://www.sachsen-anhalt.de/fileadmin/Elementbibliothek/LVwA-Bibliothek/Download/Publikationen/Brosch%C3%BCren/missbrauchsbuch.pdf (Zugriff: 30.7.2012)

EU Kids Online: *Risiken & Sicherheit im Internet*. (Eine Untersuchung des Forschungsverbundes EU Kids Online, koordiniert von Prof. Dr. Sonia Livingstone und Dr. Leslie Haddon). Hrsg. vom Hans-Bredow-Institut, 2011. Zusammenfassung unter: http://www.eukidsonline.de/img/EU_Kids_Online_II_Zusammenfassung_Germany_110117.pdf (Zugriff: 31.7.2012). Englisch: Livingstone, Sonia/Haddon, Leslie/Görzig, Anke/Ólafsson, Kjartan u. a.: *Risks and safety on the internet. London School of Economics und EU*, London 2010. Im Internet: http://www2.lse.ac.uk/media@lse/research/EUKidsOnline/Initial_findings_report.pdf (Zugriff: 31.7.2012)

Löbner, Ingrid: Die Spuren der Sexualität, in: *Pro-Familia-Magazin*, Nr. 3/4, 1998.

Mayer, Marina: Die Macht der Rollenbilder, in: *DJI Impulse* 3/2011, S. 24–26

Mertens, Wolfgang: Entwicklung der Psychosexualität und der Geschlechtsidentität, 2 Bände, Kohlhammer, Stuttgart 1997

Milhoffer, Petra: Selbstwahrnehmung, Sexualwissen und Körpergefühl 8–14jähriger Mädchen und Jungen, in: *BZgA Forum* 2–1998, S. 14–18

Milhoffer, Petra: Selbstwahrnehmung, Sexualwissen und Körpergefühl von Mädchen und Jungen der 3. bis 6. Klasse, in: BZgA: Forschung und Praxis der Sexualaufklärung und Familienplanung: *Wissenschaftliche Grundlagen. Teil 1 - Kinder*, Köln 3. Aufl. 2004, S. 7–40

Milhoffer, Petra/Krettmann, Ulrich/Gluszczynski, Andreas: *Sexualerziehung, die ankommt…* Köln: BZgA, 1999, im Internet: http://www.sexualaufklaerung.de/cgi-sub/fetch.php?id=434 (Zugriff: 30.7.2012)

Miller, Alice: *Am Anfang war Erziehung*, Frankfurt a.M., Suhrkamp 1983

Ministerium für Familie, Kinder, Jugend, Kultur und Sport des Landes Nordrhein- Westfalen: *Ratgeber für den Umgang mit sexuell auffälligen Jungen*, Düsseldorf 2006

Mord an Michelle: Gewaltverbrechen an Kindern – Was können Eltern tun?, Gespräch von Eltern.de mit Ralph Kappelmeier, in: *Eltern.de*, 27.8.2008, http://www.eltern.de/familie-und-urlaub/familienleben/sexueller-missbrauch.html

Neutzling, Rainer: »Was ist Wichsen?«, Sendung in der Reihe »Herzfunk«, Lilipuz, WDR 5, 3.12.2001

Nowotny, Elke: Qualitätsstandards im Umgang mit sexueller Misshandlung von Kindern und Jugendlichen in einem Kinderschutz-Zentrum, in: *BZgA Forum* 3–2010, S. 15–19

Olivier, Christiane: *F wie Frau*, Econ Verlag, Düsseldorf und Wien 1992

Pinhard, Inga: Von echter Knabenliebe und dem pädagogischen Eros, in: *DJI Impulse* 3/2011, S. 20–23

Raffauf, Elisabeth: *Mein Kind macht, was es will*, Midena, Augsburg 1998

Raffauf, Elisabeth: *Was ist Liebe?* Beltz, Weinheim 2003

Raffauf, Elisabeth: *Das können doch nicht meine sein*, Beltz, Weinheim, 2009

Raffauf, Elisabeth: Aufklärung und Pubertät … passt das zusammen? In: Andresen, Sabine/Brumlik, Micha/Koch, Claus (Hrsg.), *Das ElternBuch*, Beltz, Weinheim und Basel 2010, S. 511–521

Raffauf, Elisabeth: *Pubertät heute*, Beltz, Weinheim 2011a

Raffauf, Elisabeth: Sexualerziehung in Kindertageseinrichtungen als Herausforderung, in: *Sexuelle Gewalt an Kindern und Jugendlichen in Institutionen*, hrsg. von der Bundesarbeitsgemeinschaft der Kinderschutz-Zentren e.V., Köln 2011b, S. 195ff.

Rhode-Dachser, Christa / Mertens, Wolfgang (Hg.): Expedition in den dunklen Kontinent, Berlin 1992

Richter-Appelt, Hertha: Kritische Anmerkungen zu epidemologischen Untersuchungen zu Missbrauch und Misshandlung, in: *BZGA Forum* ½ 1997

Sanyal, Mithu: *Vulva. Die Enthüllung des unsichtbaren Geschlechts,* Wagenbach, Berlin 2009

Schnack, Dieter: Dein Bestes. Der Kampf um die Sexualität des Kindes, in: *Pro-Familia-Magazin,* Nr. 3/4, 1998.

Schnack, Dieter/Neutzling, Rainer: *Die Prinzenrolle,* Rowohlt, Reinbek 2006

Schuhrke, Bettina: Scham – Die Hüterin der Privatsphäre und der Einhaltung sozialer Regeln, in: BZgA: Forschung und Praxis der Sexualaufklärung und Familienplanung: *Wissenschaftliche Grundlagen. Teil 1 – Kinder,* Köln 1999.

Schuhrke, Bettina: Kindliche Körperscham und familiale Schamregeln, in: *BZgA Forum* 2–1998, S. 9–12

Sigusch, Volkmar: *Auf der Suche nach der sexuellen Freiheit,* Campus, Frankfurt am Main 2011.

Simon, Jana/Willeke, Stefan: Das Schweigen der Männer, in: *Die Zeit,* 25.3.2010; *Zeit Online,* 28.3.2012, http://www.zeit.de/2010/13/DOS-Missbrauch-Schweigen-Odenwald-Internat (Zugriff: 30.7.2012)

Stucke, Cordula: »Sexueller Missbrauch an Kindern – Anregungen zur Diskussion um den nationalen Aktionsplan gegen sexuelle Gewalt an Kindern, 26.3.2009, http://www.child-protection-conference.org/nationaledokumentation/ 090326_1_Praesentation_Cordula_Stucke.pdf

Todt, E., Vorlesung Erziehungspsychologie für Studierende des Lehramts, 10. Vorlesung: Kindesmisshandlung und sexueller Missbrauch, SS 2001 http://www.uni-giessen.de/~g655/Skript_Erz/10-kin-miss.pdf

U.S. Department of Health and Human Sciences: Child Maltreatment 2007, Washington, DC 2009, http://www.acf.hhs.gov/programs/cb/pubs/cm07/cm07.pdf (Zugriff: 30.7.2012)

Volbert, Renate: Sexualwissen von 2–6jährigen Kindern, in: *BZgA Forum* 2–1998, S. 6f.

Wanzeck-Sielert, Christa: Psychosexuelle Entwicklung des Kindes und sexualpädagogische Herausforderungen, in: *BZgA Forum* 4–2003, S. 6–11

Wanzeck-Sielert, Christa: Der Mißbrauchsdikurs und seine Auswirkungen auf Sexualität und Sexualerziehung, in: *BZgA: Forum* 1/2 1997, S. 22–26

Wanzeck-Sielert, Christa: Sexualkunde und Selbstbehauptungstrainings in Kindergarten und Grundschule, in: *BZgA Forum* 3–2010, S. 30–33

Weiler, Julia von: *Im Netz,* Kreuz-Verlag, Freiburg 2011: »Wohin gehst du?« – So schützen Sie ihr Kind (Hrsg. Polizei) www.polizei-beratung.de/http://www.polizei-beratung.de/medienangebot/details/form/7/2.html

Wolff, Mechthild: Missbrauchtes Vertrauen durch Professionelle in Institutionen, in: *Sexuelle Gewalt an Kindern und Jugendlichen in Institutionen,* hrsg. von der Bundesarbeitsgemeinschaft der Kinderschutz-Zentren e.V., Köln 2011a, S. 143 ff.

Wolff, Mechthild: Für einen besseren Kinderschutz, in: *DJI Impulse* 3/2011b, S. 14–16

ZDF-Studie: *Jugendmedienschutz aus der Sicht der Eltern,* in Kooperation mit dem Hans-Bredow-Institut, Hamburg, 2011; Kurzbericht unter: http://www.hans-bredow-institut.de/webfm_send/626 (Zugriff: 30.7.2012)

Zietlow, Bettina: Sexueller Missbrauch in Fallzahlen der Kriminalstatistik, in: *BZgA Forum* 3–2010, S.7–12

Film

Schmid, Luzia/Schilling, Regina: *Geschlossene Gesellschaft: Der Missbrauch in der Odenwaldschule,* Dokumentarfilm, D 2010, gesendet am 9. August 2011, ARD (Grimmepreis: 2012)

Bücher für Kinder und Jugendliche

Für 2- bis 6-Jährige

Cole, Babette: *Mami hat ein Ei gelegt,* Sauerländer Verlag, Mannheim 1990

Fagerström, Grethe: *Peter, Ida und Minimum,* Ravensburger Verlag, Ravensburg, Neuaufl. 2011

Enders, Ursula/Wolters, Dorothee: *Wir können was, was ihr nicht könnt. Ein Bilderbuch über Zärtlichkeit und Doktorspiele,* Anrich-Verlag, Weinheim 1996

Enders, Ursula/Wolters, Dorothee: *Schön & blöd. Ein Bilderbuch über schöne und blöde Gefühle,* Anrich-Verlag, Kevelaer u. a. 1994

Für 6- bis 12-Jährige

Emberley, Michael/Harris, Robert: *Einfach Irre! Liebe, Sex und Kinderkriegen,* Beltz & Gelberg, Weinheim und Basel 2002

Ab 12 Jahren

Forssberg, Manne: *For Boys Only. Alles über Sex und Liebe,* Beltz & Gelberg, Weinheim und Basel 2006

Raffauf, Elisabeth: *Only For Girls. Alles über Sex und Liebe,* Beltz & Gelberg, Weinheim und Basel 2008

Broschüren für Kinder und Jugendliche

Platzverweis! – Tipps für Mädchen gegen sexuelle Übergriffe im Sport, Zartbitter e.V., www.zartbitter.de

Platzverweis! – Tipps für Jungen gegen sexuelle Übergriffe im Sport, Zartbitter e.V., www.zartbitter.de

So surft ihr sicher – Internet Tipps für Jugendliche, klicksafe.de

Broschüren für Erwachsene

Gegen sexuellen Missbrauch an Mädchen und Jungen – Ein Ratgeber für Mütter und Väter, Hrsg.: Arbeitsgemeinschaft Kinder- und Jugendschutz (AJS), Landesstelle NRW, Köln, 13. Aufl. 2011, zu bestellen u. a. über: http://www.ajs.nrw.de/index.php/service/bestellungen/shop/product/view/3/15.html

Internetkompetenz für Eltern – Kinder sicher im Netz begleiten, Hrsg.: klicksafe, c/o Landeszentrale für Medien und Kommunikation (LMK) Rheinland-Pfalz, Ludwigshafen 2011, als PDF unter: http://www.klicksafe.de/service/elternarbeit/materialien-elternkurs/

Liebevoll begleiten … Körperwahrnehmung und körperliche Neugier kleiner Kinder (vom 1. Lebensjahr bis zur Einschulung), Bundeszentrale für gesundheitliche Aufklärung (BZgA), zu bestellen unter order@bzga.de, Bestellnummer: 13660500, http://www.bzga.de/botmed_13660500.html

Ratgeber für den Umgang mit sexuell auffälligen Jungen – erkennen – verstehen – handeln, Hrsg.: Ministerium für Familie, Kinder, Jugend, Kultur und Sport des Landes Nordrhein-Westfalen, Abteilung Generationen und Familie, Düsseldorf, 2006, www.mfkjks.nrw.de, Veröffentlichungsnummer: 1022, als

PDF-Datei unter: https://services.nordrheinwestfalendirekt.de/broschuerenservice/download/1183/ratgeber-jungen-04.pdf

Sexuelle Übergriffe zwischen Kindern und Jugendlichen, Orientierungsleitfaden zum Erkennen, Stoppen, Verhindern im Rahmen erzieherischer Hilfen, Hrsg.: Landesverwaltungsamt Sachsen-Anhalt, Referat Landesjugendamt – Familie und Frauen, Halle 2011

Sexuellem Missbrauch vorbeugen, Hrsg.: Landeskriminalamt Nordrhein-Westfalen, Völklinger Str. 49, 40221 Düsseldorf

Über Sexualität reden – Zwischen Einschulung und Pubertät, BZgA, Bestellnummer: 13660300, http://www.bzga.de/botmed_13660300.html

Über Sexualität reden – Die Zeit der Pubertät, BZgA, Bestellnummer: 13660400, http://www.bzga.de/botmed_13660400.html

»*Wohin gehst du?*« *– So schützen Sie ihr Kind,* Hrsg.: Polizei: www.polizei-beratung.de/ http://www.polizeiberatung.de /medienangebot/details/form/7/2.html

So surft ihr Kind sicher! – Internet Tipps für Eltern von älteren Kindern ab ca. 10 Jahren!, Hrsg.: klicksafe.de

Internettipps und Telefonnummern

Seiten für Kinder

Kindersuchmaschine: www.blinde-kuh.de

Kinderseiten: www.seitenstark.de

Tipps für sicheres Chatten von jugendschutz.net und der Landesanstalt für Kommunikation in Baden-Württemberg (LFK): www.chatten-ohne-risiko.net/teens/

Info- und Hilfe-Seite der Kinderschutz-Zentren: www.youngavenue.de

Online-Beratung für Kinder und Jugendliche: http://www.kinderschutz.de/angebote/alphabetisch/kidshotline

Online-Beratung der Bundeskonferenz für Erziehungsberatung: www.bke-jugendberatung.de

www.save-me-online.de: E-Mail-Beratung für Jugendliche gegen Anmache im Netz

Seiten für Kinder und Erwachsene

www.internet-abc.de: Neueste Informationen zum Thema Computer und Internet

www.hinsehen-handeln-helfen.de: Seite des Bundesministeriums für Familie, Senioren, Frauen und Jugend

Infos für Eltern und Fachkräfte

www.kinderschutz-zentren.org

www.schulische-praevention.de : Ein Kinderschutz- Portal der Universität Münster (Zentrum für Lehrerfortbildung). Hier findet man auch Adressen von Beratungsstellen in der Nähe

www.klicksafe.de: EU-Initiative für mehr Sicherheit im Netz

www.chatten-ohne-risiko.net/: für Eltern und pädagogische Fachkräfte

Online-Beratung der Bundeskonferenz für Erziehungsberatung: www.bke-Elternberatung.de

Hier können illegale Webseiten gemeldet werden: www.jugendschutz.net/hotline

Qualitätsstandards für gute Präventionsangebote gibt die Arbeitsgemeinschaft Kinder- und Jugendschutz gemeinsam mit anderen Kinderschutz- und Jugendschutz-Verbänden heraus; im Internet unter: http://www.kinderschutz-in-nrw.de/materialien/

Telefonnummer für Kinder und Jugendliche

Nummer gegen Kummer: Kinder- und Jugendtelefon: 0800-1110333, Mo–Sa: 14–20 Uhr, samstags: Jugendliche beraten Jugendliche, zusätzliche kostenfreie Nummer von Handy und Festnetz: 116111

Telefonnummern für Erwachsene

Elterntelefon der Nummer gegen Kummer: 0800-1110550, Mo–Fr: 9-11 Uhr, Die + Do: 17–19 Uhr

N.I.N.A.: Nationale Infoline Netzwerk und Anlaufstelle zu sexueller Gewalt an Jungen und Mädchen. Das Angebot richtet sich an Erwachsene, Tel.: 01805-123465, Mo: 9–13 Uhr, Do 13–17 Uhr oder per E-Mail: mail@nina-info.de

Telefonische Anlaufstelle des Unabhängigen Beauftragten für Fragen des sexuellen Kindesmissbrauchs: 0800-2255530 (kostenfrei)

Anmerkungen

1 Bowlby, 1972
2 Deegener, 2010, Todt, 2011
3 Abschlussbericht der Unabhängigen Beauftragten, 2011
4 www.unicef.de/aktionen/kinderrechte20
5 Welt online: 28.1.2010; http://www.welt.de/vermischtes/article6014879/So-entschuldigt-sich-der-Rektor-fuer-den-Missbrauch.html (Zugriff: 27.7.2012)
6 Rauschenbach: dJI Impulse 3/2011, Wolff, 2011, S. 3; Nowottny, 2010, S.15
7 Pinhard, 2011
8 Holzapfel, 2011a (Interview mit Christine Bergmann), S.10
9 Denso, Christian in Zeit- Online, 26.12.2010
10 Behnisch/Rose, 2012
11 Finger, 2012
12 Wolff, 2011 a
13 Helming/Mosser, 2011, S. 12
14 Christine Bergmann in Haimerl, 2011
15 Nachzulesen auf der Seite des Bundesministerium für Familie, Senioren, Frauen und Jugend: http://www.bmfsfj.de/BMFSFJ/Ministerium/beauftragter-sexueller-missbrauch,did=134732.html
16 In BZgA-Forum 3/2010; vgl. http://forum.sexualaufklaerung.de/index.php?docid=1349 (Zugriff: 27.7.2012)
17 Bange, 2004
18 Briken/Richter-Appelt, 2010
19 Deegener, 2010
20 Füller, 2011
21 Bange zitiert Sabine Kirchhoff, 1997
22 Abschlussbericht der Unabhängigen Beauftragten, 2011, S.14
23 Bange, 2004
24 Bismarck, 1895
25 Deegener, 2010
26 Zietlow, 2010
27 Deegener, 2010

28 U.S. Department of Health and Human Sciences, 2009
29 Deegener, 2010
30 Deegener, 2010
31 Bange, 1997
32 Burkett/Bruni, 1997
33 Klemm, 2011
34 Deegener, 2010
35 Kutsche, 2008
36 Gruber, 2006
37 Herschelmann, 2011
38 Enders, 2009
39 Deegener, 2010
40 Richter-Appelt, 1997
41 Gibran, 2010, S. 20
42 Deegener, 2010, S. 85
43 Enders zitiert Heiliger, 2009
44 Zitiert nach Deegener, 2010
45 Zietlow zitiert Bange, Deegener, 2010
46 Bange, 1997
47 Astrid Lindgren in ihrer Rede anlässlich der Verleihung des Friedenspreises des deutschen Buchhandels, Frankfurt 1978
48 Hebbel, 2011
49 Dörr, 2010
50 Both, 2011
51 Briken, Richter-Appelt, 2010
52 Milhoffer, 1999
53 Löbner, 1998
54 Wanzeck-Sielert, 2003
55 Olivier, 1992
56 Freud, 2009
57 Kleinschmidt u. a., 1999
58 Raffauf, 2003
59 Freund, 2010
60 Kleinschmidt u. a., 1999
61 Miller, 1983
62 Schnack/Neutzling, 2006
63 Wanzeck-Sielert, 2003
64 Deegener, 2010
65 Schnack/Neutzling, 2006
66 Olivier, 1992, S. 55
67 Abschlussbericht, 2011, S. 30 f.

68 Helming/Mosser, 2011
69 »Missbrauchsbeauftragter der Bundesregierung trifft Betroffenen-Initiativen zum ersten Jour Fixe«; sozial.de – das Nachrichtenportal, 31.1.2012, http://www.gbs.sozial.de/index.php?id=49&tx_ttnews[tt_news]=24917&cHash=53c13b95eae6f26d35c7105275cbbe91 (Zugriff: 31.7.2012)
70 Milhoffer, 1998, S. 86
71 Mertens, 1997, Bd.2, S. 42
72 Sanyal, 2009
73 Olivier, 1992
74 Mertens, 1997, Bd.2, S.48
75 Neutzling, 2001
76 Die Differenzierung stammen von dem Pädagogen Kentler, 1981
77 Sanyal, 2009
78 Grünewald u. a., 1997
79 BzgA, 2010
80 BZgA, 1999, S. 72
81 WDR-Sendung »B.trifft«, 17.05.2002
82 Wanzeck-Sielert; 1997
83 BzgA, 2010
84 Balluseck, 2010
85 Krause, 2011
86 Raffauf, 2003, Wolff, 2011 a
87 Wanzeck-Sielert, 2010
88 BzgA, 2010
89 Raffauf, 2011 a
90 Dörr, 2010
91 In einem Interview mit der Autorin
92 Schuhrke, 1998, S. 52 ff.
93 Mertens, 1997, Bd.1
94 Schnack/Neutzling 2006, S. 41
95 Schuhrke, 1998, S. 43
96 Schnack, 1998
97 Enders, 2012
98 In einem Interview mit der Autorin, 2012, wie alle folgenden Zitate von klicksafe-Mitarbeitern
99 In einem Interview mit der Autorin, 2012
100 Enders, 2012
101 KIM-Studie, 2010, S. 34 f.
102 Holzapfel, 2011b (Interview mit Christine Feil), S. 40
103 JIM-Studie, 2010

104 EU Kids Online, 2011
105 ZDF-Studie, 2011
106 Von Weiler, 2011
107 Im Interview mit der Autorin
108 Hoyh, 2008; von hier auch das spätere Zitat von Ralph Kappelmeier
109 Broschüre »Wohin gehst du?«, S. 27
110 Herschelmann, 2011
111 Herschelmann, 2011
112 Deegener, 2010
113 Herschelmann, 2011
114 Nowotny, 2010
115 Schmid/Schilling, 2011
116 Nowotny, 2010, S.17
117 Herschelmann, 2004
118 Kerger-Ladleif, 2011
119 Bange, 1997, S. 17 (nach Bange/Deegener, 1996, S. 70)
120 Sigusch, 2011
121 Im persönlichen Gespräch mit der Autorin
122 Krause, 2011
123 Herschelmann, 2001
124 BzgA, 1997
125 Im persönlichen Gespräch mit der Autorin
126 Im persönlichen Gespräch mit der Autorin
127 Herschelmann, 2010
128 Blum-Maurice, 1997, S. 9
129 Wanzeck-Sielert, 1997
130 Stucke, 2009
131 Wolff, 2011 b

Zitate ohne Endnoten stammen aus den persönlich geführten Interviews der Autorin mit Sigrid Arabin-Möhrer, Michael Herschelmann und Arthur Kröhnert sowie mit Dilek Atalay und Martin Müsgens.

Hinweis des Verlags: Trotz gründlicher Recherche der Zitatquellen ist es uns nicht gelungen, alle Rechteinhaber ausfindig zu machen. Honoraransprüche bleiben bestehen.